États et Terrorismes en Afrique
Un ultime défi de maturation

Claude Biao

États et Terrorismes en Afrique
Un ultime défi de maturation

Stake Books

Stake Books
02 BP 1992, Cotonou, BENIN
books@stakeexperts.com
https://stakeexperts.com

Contacter l'auteur : claude.biao@stakeexperts.com

Du même auteur :

The African Geopolical ATLAS 2020, Edition Bilingue
Français, Anglais (direction)

À mes parents : Nicole et Nicolas,
*pour m'avoir donné le droit d'être turbulent, rêveur têtu, curieux… et pour
m'avoir appris qu'il est possible de rester discipliné avec ça*

À Melizah Memena,
pour cette vie et celle(s) d'après

*À toutes les personnes sur le continent africain et ailleurs, dont la vie a
brutalement basculé à cause d'une action violente et inexplicable*

Sommaire

Cartes

Graphiques

Tableaux

Encadrés

Préface

En juin 2011, 7 personnes dont 5 policiers, ont perdu la vie dans l'attaque du poste de police de Kankara, dans l'État Nigérian de Katsina. À l'époque, le groupe terroriste Boko Haram apparaissait encore comme une secte extrémiste locale, lancée dans une guerre apparemment perdue d'avance contre un État fort, doté de l'une des armées les plus aguerries et les mieux équipées de la sous-région ouest-africaine. Les attaques se sont cependant intensifiées depuis, jusqu'à faire de Boko Haram le groupe terroriste le plus mortel au monde en 2014 , devant l'État Islamique. Pendant ce temps, les relais du groupe Al-Qaïda au Maghreb Islamique (AQMI) lançaient eux aussi leurs premières attaques contre le Mali et le Burkina Faso (à partir de 2015), et la Côte d'Ivoire (en 2016). En une décennie, le problème du terrorisme est devenu la principale préoccupation de sécurité intérieure pour la plupart des pays de la région.

Cette préoccupation n'est pas nouvelle dans son essence. À diverses époques de l'histoire du continent, des groupes militants avaient déjà été considérés comme terroristes, notamment si l'on s'en réfère à l'une des définitions classiques du terrorisme : l'utilisation indiscriminée de la violence dans le but d'inspirer la peur et d'influencer des décisions politiques. Ainsi par exemple, certains mouvements de résistance armée aux puissances coloniales tels que les Mau-Mau au Kenya, et même le Congrès National Africain (ANC) qui luttait contre l'apartheid en Afrique du Sud, ont pu être classés comme des groupes terroristes par l'empire colonial britannique pour les uns, et par le gouvernement de l'apartheid pour les autres.

Ceci met en lumière le caractère subjectif de la compréhension même du phénomène, et sa forte teneur politique. En effet, contrairement à la criminalité organisée ou aux trafics transfrontaliers par exemple qui restent a priori des préoccupations sécuritaires, le terrorisme apparaît comme un problème avant tout politique, dans lequel le choix délibéré d'enfreindre la loi et l'ordre public est motivé par des revendications politiques, plus que par la simple recherche du profit.

Dans le contexte africain, ce caractère politique du terrorisme pose problème à au moins deux niveaux. D'un côté, le nombre croissant de moyens techniques et militaires à la disposition des groupes terroristes leur donne la capacité de menacer directement le contrôle des États sur des pans entiers de leurs territoires comme on a pu le voir au cours de la dernière décennie notamment au Nigeria et en Somalie ; et d'un autre côté les efforts colossaux consentis pas les pays dans la lutte contre les groupes terroristes risquent de ralentir considérablement la mise en œuvre des projets de développement.

Cet essai, que j'ai le plaisir de préfacer, se propose d'apporter une analyse systématique et rigoureuse de la question du terrorisme telle que nous la connaissons aujourd'hui sur le continent africain. La démarche de son auteur consiste à analyser les failles dans les structures administratives et politiques les plus communes aux États en proie au terrorisme, pour mieux comprendre comment les groupes terroristes en tirent profit. Il analyse les mécanismes opérationnels et stratégiques (apprentissage, imitation, adaptation, sous-traitance, etc) en cours dans les groupes terroristes du continent, et en tire les conclusions nécessaires à prendre en compte pour la mise en place de politiques publiques anti- ou contreterroristes viables et pertinentes.

Il faut du courage pour s'attaquer à une thématique aussi dynamique et en plein mouvement que celle du terrorisme sur le continent Africain. L'auteur n'aura eu ni le confort du recul historique, ni l'avantage d'étudier des structures anciennes dont les principaux schémas comportementaux seraient depuis longtemps fixés et accessibles. Bien au contraire, entre le début de la rédaction de ce livre en 2018 et le projet final que j'ai pu lire en juillet 2020, le « calife » du groupe État Islamique a été tué en octobre 2019 , ainsi que le chef d'AQMI, Abdelmalek Droukdel en juin 2020 ; un affrontement sanglant a éclaté entre factions de l'État Islamique dans le Grand Sahara (EIGS) et d'AQMI au Mali ; et l'attaque contre le poste avancé de Kafolo en Côte d'Ivoire en juin 2020, a poussé l'État ivoirien à mettre en place une « zone militaire opérationnelle » dans la région. Ces développements continuels portent à l'évidence, leurs conséquences stratégiques et politiques. Ils n'empêchent pas pour autant, de trouver et de reconnaître des trajectoires constantes, fussent-elles fragiles et incertaines, puisqu'elles peuvent servir de repères au moins temporaires à une lutte antiterroriste qui, de toutes les façons, n'attendra pas que l'histoire se fige.

Le principal intérêt de cet ouvrage réside dans le fait qu'il apporte des repères pertinents pour permettre de comprendre la « mécanique terroriste », et offre des perspectives d'action aux décideurs et praticiens de la lutte antiterroriste en Afrique. En s'appuyant sur les données disponibles, dont certaines ont été collectées pendant la période de rédaction par l'équipe de Stake experts, Claude Biao prend le pari de présenter les conclusions qu'il est possible d'en tirer, et d'expliquer comment elles peuvent améliorer la lutte antiterroriste dans les pays africains, aujourd'hui. Ainsi, il relève et rappelle par exemple que la plupart des groupes terroristes du continent sont à l'écoute des politiques publiques, et opèrent dans une logique d'apprentissage par essai-erreur, en s'adaptant aux orientations de la lutte antiterroriste. Les politiques publiques peuvent dès lors tirer comme conséquence entre autres que : « puisque les terroristes nous écoutent déjà (…), alors il nous appartient de leur parler. »

À ce titre, il ne s'agit clairement pas d'un essai seulement théorique. C'est aussi un livre pratique, inspiré sans doute du travail de l'auteur comme consultant aux côtés d'ONG et d'entreprises privées, pour les aider à anticiper et à mieux faire face au risque sécuritaire dans plusieurs pays du continent. Ce qu'il expose dans cet ouvrage, ce sont des options de politiques publiques précises, justifiées par une connaissance approfondie et bien documentée du contexte et du fonctionnement des terroristes du continent déduite de l'analyse des données disponibles. Ainsi, sur une question aussi fortement marquée par des préjugés et des a priori que celle du terrorisme, l'auteur parvient à délimiter les données objectives étayées par des exemples précis, et à en déduire les connaissances nécessaires pour une prise de décision plus informée.

C'est pourquoi, le lecteur pourra ne pas s'accorder avec toutes les conclusions ou les analyses de l'auteur. Je ne suis moi-même pas toujours du même avis que lui sur certaines questions abordées dans cet ouvrage. Mais le fait qu'il trace des perspectives claires, et pose le débat avec précision et rigueur sur les questions encore controversées, en fait un livre que tous les praticiens, les décideurs et le grand public, devraient lire. Car, pour reprendre la célèbre phrase d'Albert Einstein, « si j'avais une heure pour résoudre un problème dont ma vie dépendait, je passerais les 55 premières minutes à chercher la meilleure question à me poser. »

Me Adrien HOUNGBÉDJI,

ancien Premier Ministre,
ancien Président de l'Assemblée Nationale du Bénin.
Cotonou, le 6 Août 2020

Introduction

Le début du XXIème siècle a été l'ouverture d'une ère mouvementée pour le continent africain à plusieurs niveaux. Sur le plan politique, la fin – au moins symbolique – du siècle postcolonial dans la plupart des pays du continent ouvrait une ère nouvelle pour la doctrine de l'État et de l'administration. Une ère qui portait ses incertitudes et ses hésitations certes, mais qui semblait marquée par l'enthousiasme à l'apparence intarissable, de pouvoir façonner de nouvelles expériences étatiques positives pour les pays et leurs populations.

Cet enthousiasme transparaît entre autres, au niveau national, à l'implantation que l'on avait espérée résolue et définitive de régimes politiques stables (à défaut d'être tous totalement démocratiques) dans plusieurs pays : Burkina Faso, Bénin, Cap-Vert, Algérie, Tunisie, Madagascar… À l'échelle du continent, l'espoir venait aussi de la naissance d'une Union africaine (UA) devant succéder à l'Organisation de l'unité africaine et réitérer par le même fait, l'engagement des dirigeants africains pour un continent plus intégré et (avec le notamment la mise en place du Nouveau Partenariat pour le Développement - NEPAD) encore plus près de la vie quotidienne de ses populations.

Sur le plan sécuritaire et militaire, le continent allait certes au-devant de nouveaux embrasements, mais les guerres fratricides les plus sanglantes semblaient appartenir désormais à une autre ère. Le Rwanda renaissait après l'abominable génocide de 1994 (800 mille morts en 4 mois[1]), la Sierra Leone et le Liberia sortaient d'une décennie de guerres civiles qui auront coûté la vie à plusieurs milliers de personnes[2], et la République démocratique du Congo des Kabila signaient les accords de Sun City, de Pretoria et de Luanda, mettant fin à la 2e guerre du Congo et ouvrant une nouvelle ère que l'on avait beaucoup de raisons d'espérer pacifiée entre les principaux belligérants, RDC, Rwanda, Ouganda, Zimbabwe et Angola notamment.

Ce vent d'espoir et de tranquillité se sera avéré de très courte durée. La naissance en 2002, d'un obscur groupe islamiste radical au Nigeria, Jama'atu Ahlis Sunna Lidda'awati wal-Jihad[3] (qui se ferait ensuite plus connaître sous le nom de Boko Haram) offrait la preuve que le XXIème siècle serait en effet une nouvelle ère pour le continent, nouvelle par ses différences quasi fondamentales par rapport à la fin du siècle précédent. L'une des différences introduites, et celle qui nous intéresse dans ce livre étant précisément l'émergence du terrorisme violent dans le paysage politique et sécuritaire des pays africains.

Il faut avant tout rappeler que le continent africain n'était pas absolument étranger aux terrorismes avant le début des années 2000. Plusieurs pays dont le Soudan d'Omar el-Béchir étaient connus pour avoir hébergé des cellules terroristes, et l'un des chefs terroristes les plus recherchés après les attentats sanglants du 11 septembre 2001 : Oussama Ben Laden. Mais le rôle du continent dans cet affrontement grandissant – entre d'une part des pouvoirs étatiques séculiers pour certains et d'autre part, l'Islamisme choisissant d'utiliser l'action violente pour porter son discours et son programme – semblait de second plan. À part la Somalie où l'Union des tribunaux islamiques (UTI)[4] se livrait déjà dès le début des années 2000 à la lutte armée pour imposer l'Islam comme religion d'État et la Charia comme loi immuable, la plupart des pays africains étaient soit aux mains de régimes politiques islamistes (le Soudan en est l'exemple le plus expressif), ou alors utilisés comme bases arrières pour les mouvements terroristes dont la Méditerranée au nord et la mer Rouge débouchant sur golfe d'Aden au nord-est semblaient être les barrières naturelles.

À ce titre, il ne fut que partiellement surprenant que le milieu des années 2000 soit le théâtre d'activités terroristes violentes dans plusieurs pays du continent. D'un côté la « guerre contre la terreur » lancée par le président américain George W. Bush au lendemain des attentats du 11 septembre 2001 a eu pour effet entre autres, de mettre en déroute la principale organisation terroriste d'envergure de l'époque, Al-Qaïda. Celle-ci poussée dans ses derniers retranchements – dont certains se trouvent sur le sol africain – a adopté une tactique de survie classique connue de la plupart des guérillas de l'histoire : se morceler pour disperser la pression ennemie. Un morcellement qui d'un autre côté a créé de fait, les premières « franchises » africaines d'Al-Qaïda dont AQMI (Al-Qaida au Maghreb Islamique) est l'une des plus tristement célèbres par son activisme violent sur le continent.

Le fait que les terrorismes se soient montrés particulièrement violents et actifs depuis au moins 2008 dans plusieurs pays africains procède de deux éléments essentiels du contexte africain. Le premier, superficiel, est la faible capacité de réponse des armées et forces de sécurité des pays du continent, démunies pour la plupart d'entre elles, devant cette menace nouvelle d'un point de vue stratégique. Le second élément plus profond, est que pour presque tous les pays africains (à l'exception notable de l'Afrique du Sud, et de l'Éthiopie sur lesquels nous reviendrons), la réponse au fait terroriste nécessite sinon un changement, du moins une révision en profondeur de leur doctrine de l'État.

Ce livre qui met en face le fait terroriste et la doctrine de l'État dans les pays africains, a précisément pour ambition de proposer des pistes de réflexion dans cette direction. Même si – ceci est une évidence indéniable – il est nécessaire de restituer à chaque État africain son individualité, liée à son contexte, à son histoire et à sa géographie entre autres, cet ouvrage s'emploie à relever dans la plupart des pays du continent, les nombreux points communs liés à leur doctrine de l'État, qui donnent prise aux terrorismes et leur offrent une capacité de nuisance encore plus forte qu'ailleurs dans le monde. Ces similarités se trouvent à la fois dans la structure des États concernés et dans leur doctrine sécuritaire et militaire. Mais avant d'y revenir, rappelons et délimitons précisément l'étendue du champ qui nous intéresse.

Les États modernes africains

Nous tenons de la Convention de Montevideo[5] sur les droits et les devoirs des États, l'une des définitions classiques de l'État les plus largement acceptées : une entité possédant un territoire délimité, habité par une population permanente, et dirigé par une autorité politique unifiée (gouvernement), et ayant la capacité d'entrer en relation avec d'autres États. Cette définition, quoique schématique eu égard aux spécificités des États modernes africains, a le mérite de poser d'emblée trois des fondements cardinaux qui traduisent depuis le 17ème siècle, la réalité complexe et contre-intuitive d'État : le territoire, la population et l'autorité politique. Ainsi, les spécificités des États modernes africains évoquées plus haut, représentent soit une plongée en profondeur dans l'un ou l'autre de ces piliers, ou un pas de côté, permettant de préciser la réalité étatique héritée de l'histoire et de la géographie humaine des pays du continent.

Les notions de territoire et de population sont les premières à nécessiter cette précision utile pour le cas de l'État moderne africain. En effet, autant il est courant que diverses communautés ethniques sur le continent se définissent par des territoires délimités à l'intérieur de l'État moderne africain, autant ces territoires traversent le plus souvent les frontières administratives entre deux États voisins. À l'exception notable des États insulaires du continent (Madagascar, Les Comores, Seychelles, Maurice, Le Cap-Vert) qui pour les raisons évidentes liées à leur géographie, ne présentent pas d'exemples de ce phénomène, presque tous les États africains modernes en offrent des illustrations. Ainsi, le territoire traditionnel des populations Toubou installées dans le sud du Fezzan libyen, s'étend jusque dans le nord du Tibesti (côté tchadien) et au nord-est du Ténéré (côté nigérien) créant de fait un *territoire de fond* délimité par les limites du peuplement et sur lequel les limites territoriales administratives sont de fait *superposées* et n'ont pour ainsi dire – nous reviendrons sur ce fait – qu'une assez faible incidence.

Ce phénomène que nous appellerons ici les *territoires superposés* se retrouve dans presque tous les pays de l'Afrique continentale (le territoire superposé du peuplement Haussa du nord-est du Nigéria s'étend jusqu'à l'Alibori béninois à hauteur de Malanville, et plus au nord, au moins jusqu'à la ville carrefour de Maradi côté nigérien par exemple). Et il ne se produit pas uniquement en Afrique continentale. Des exemples peuvent être trouvés avec divers peuplements dans le monde, et notamment en Asie continentale. Il est cependant pertinent de

25

le relever dans le cadre d'une définition de l'État moderne africain parce qu'ici plus qu'ailleurs, il est porteur de conséquences politiques et, puisque c'est l'un des pans qui nous intéressent dans le cadre de cet ouvrage, sécuritaires.

La notion de pouvoir politique unifié ou de gouvernement est elle aussi à approfondir et à mieux délimiter. Dans tous les pays du continent, le pouvoir étatique manifesté par un gouvernement (quelle qu'en soit la forme ou la légitimité) et une administration qui en est la continuité naturelle, doit coexister avec d'autres chaînes d'autorité préexistantes et parallèles. Qu'il s'agisse de chefs d'anciennes tribus comme en Libye ou en Somalie, ou de souverains d'anciens royaumes ayant subsisté comme le roi des Yoruba au Nigeria, ou le roi des Zoulous en Afrique du Sud, le premier mouvement de la plupart des observateurs de la vie politique est de les confiner dans un rôle purement culturel – pour ne pas dire folklorique – leur déniant toute autorité dans la sphère administrative et politique.

Les faits sont pourtant qu'ici aussi, tout comme dans le cas des territoires superposés, ces autorités ont une influence de fait sur le pouvoir politique et sur la vie d'une partie de la population des pays dans lesquels elles sont implantées. À ce titre par exemple, le roi des Mossi, le Mogho Naaba[6], avait joué un rôle important dans la résolution de la crise politique de 2015 ayant entraîné la chute de l'ancien président Blaise Compaoré au Burkina Faso. De même des oppositions d'origine tribale ont fait partie des principaux déclencheurs de l'embrasement post-indépendance au Soudan du Sud.

En intégrant ces différences fondamentales liées au contexte politique et historique des pays africains, la première conclusion à laquelle l'on peut aboutir est qu'une définition de l'État moderne africain devrait prendre en compte plusieurs éléments et forces en apparence contraires : un territoire, mais avec des territoires superposés déterminés par un peuplement ou une aire culturelle spécifique ; un pouvoir politique, mais tolérant des autorités parallèles artificiellement classées au rang d'autorités culturelles alors même qu'elles ont une influence politique manifeste sur chaque territoire superposé.

Il reste cependant que ces pistes n'écartent pas la définition de la Convention de Montevideo. En effet la possibilité d'entrer en relation avec d'autres États, posée comme quatrième critère de définition, rappelle la nécessité de la reconnaissance internationale comme acte fondateur d'un nouvel État. Les États modernes africains n'y échappent pas. Aussi, nous proposerons une deuxième définition, en appendice de la définition classique, afin d'ouvrir la possibilité de rendre compte à la fois des principes classiques et réalités contextuelles analysées plus haut, chacun de ces deux aspects pouvant être interprété sous l'angle de l'utilité décisionnelle.

À ce titre, nous considérerons la définition classique de l'État, consacrée par la Convention de Montevideo comme utile et pertinente en premier lieu pour les partenaires et parties prenantes extérieures. L'État moderne africain serait une entité politique et sociale délimitée par des frontières administratives sur lesquelles s'étend l'autorité légale ou de fait, d'un gouvernement politique unifié, et présenté par principe comme le premier interlocuteur direct des acteurs externes. Le principal avantage de cette définition est de désigner et de caractériser un interlocuteur unique pour chaque portion de territoire administrée par le même gouvernement politique. Elle ne prend pas en compte les réalités plus complexes liées aux territoires superposés et aux autorités politiques parallèles parce que ces subtilités ont des conséquences politiques et administratives en premier lieu pour les parties prenantes intérieures (gouvernements, forces de sécurité, communautés…) dont la pertinence des actions dépend avant tout de leur compréhension et de leur intégration.

C'est pourquoi il est nécessaire pour nous d'établir une deuxième définition qui prenne en compte ces réalités. Cette deuxième définition servira aussi de base de travail dans le cadre du présent ouvrage. Selon cette définition, l'État moderne africain serait une entité politique et sociale composée de communautés politiques distinctes qui cohabitent plus ou moins pacifiquement sous une autorité politique acceptée comme supérieure et dont la légitimité procède du dessein d'unification et de prise en charge des fonctions d'administration, de sécurité et de représentation. En rappelant la cohabitation plus ou moins pacifique de plusieurs communautés comme matériau de base de l'État moderne africain, cette définition redonne toute sa dimension à la dynamique communautaire et à ses principaux effets induits (territoires superposés et autorités politiques parallèles) dans les États modernes africains. Ces communautés acceptent une autorité politique supérieure (les gouvernements) et lui donnent des fonctions d'unification, d'administration, de sécurité et de représentation qu'individuellement, elles n'auraient aucune légitimité à prendre en charge, au risque d'être perçues comme hégémoniques ou colonisatrices.

C'est donc à ces entités politiques africaines ainsi définies que nous ferons référence en parlant d'*État* ou de *pays*. Leur particularité essentielle, la cohabitation de communautés comme élément de base de la construction étatique, justifie, plus que le simple intérêt spécifique pour le continent, le besoin de délimiter notre champ géographique aux frontières de l'Afrique. En effet, chacun des États du continent dans son individualité semble rejoindre cette structure.

Il est certes possible d'envisager quelques exceptions. En dehors des États totalement insulaires du continent, le cas éthiopien peut être évoqué, où l'ancien empire a constamment cherché à consolider une Nation – ou plus précisément une mosaïque de nations formellement assimilées dans un ensemble – dans les limites d'un territoire. De même la monarchie du Lesotho se cristallise autour de la communauté ethnique des Sesotho ou encore, mais dans une moindre mesure, l'exemple ougandais intègre les quatre grands royaumes bantous précoloniaux dans le découpage administratif moderne et donne à leurs monarques une autorité protocolaire. Ces exceptions peu nombreuses à l'échelle du continent, ne résistent cependant pas à une analyse approfondie de la structure concernée comme nous le montrerons dans la première partie. De même, cette structure spécifique joue un rôle capital dans la naissance et la survie des terrorismes à travers le continent, créant une particularité africaine de l'extrémisme violent que nous nous attèlerons à analyser en profondeur.

Le terrorisme, un concept incertain et évolutif

En 1984, l'universitaire néerlandais et grand spécialiste du terrorisme Alex Peter Schmid entreprit avec d'autres universitaires de trouver une définition à la fois consensuelle et précise du terrorisme. Au bout de leurs recherches ils consacrèrent une centaine de pages de leur ouvrage *Political terrorism : a Research Guide*[7], à explorer toutes les définitions disponibles issues de la recherche, sans pour autant atteindre le but. Cette entreprise, qui illustre bien la difficulté à définir un fait politique aussi polymorphe que le terrorisme, a toutefois permis de faire avancer la recherche sur la question. Elle a notamment permis à A. Schmid et à ses collègues dans un ouvrage paru deux ans plus tard[8], de répertorier et de classer par ordre de récurrence (les premiers éléments étant statistiquement les plus récurrents chez leurs sources), une liste de vingt-deux éléments qui entrent dans la définition du terrorisme.

Les dix premiers éléments répertoriés par Alex Schmid et ses collègues nous permettent de poser des jalons utiles à une définition du terrorisme :

1. L'utilisation de la violence ou de la force
2. Le caractère politique
3. L'aspect de terreur ou de peur
4. La menace
5. Les effets psychologiques et les réactions anticipées
6. Le choix d'une cible ou d'une victime précise
7. L'action organisée, systématique et planifiée
8. La méthode de combat, la stratégie ou la tactique
9. Le positionnement hors de la normalité, et le non-respect des lois
10. La contrainte ou l'extorsion et la recherche de la soumission des victimes

Il en ressort que nous pouvons définir comme terrorisme, l'utilisation de la violence ou de la menace de violence de façon systématique et délibérément en dehors de tout cadre légal sur une cible définie, pour porter une revendication ou un discours à caractère politique.

Cette définition, quoiqu'utile pour offrir un aperçu du contenu du concept de terrorisme, a plusieurs défauts. En premier lieu, elle n'intègre pas l'effet « publicité » pourtant essentiel depuis les toutes premières heures[9] à la notion et à la pratique du terrorisme. En effet, la mise en scène de la violence, nécessaire pour offrir l'exposition voulue aux revendications politique des terroristes, est l'une des caractéristiques sans lesquelles il serait impossible de définir un acte comme terroriste[10]. En second lieu, la concentration sur le caractère spécifiquement politique du terrorisme écarte de fait tout autre « message », s'il n'est politique, qu'essaierait de faire passer une action violente rencontrant par ailleurs les autres caractéristiques décrites ci-dessus. La confrontation à la pratique et aux dernières décennies de l'activité terroriste dans le monde démontre que cette limitation est artificielle. « Le terroriste, fondamentalement, est un *intellectuel violent* » résume à ce titre l'ancien directeur du bureau de Washington de la RAND Corporation, Bruce Hoffman[11], montrant ainsi l'étendue – en l'occurrence illimitée – des « messages » susceptibles d'être portés par une action terroriste.

Les difficultés d'aboutir à une définition complète et largement acceptée du terrorisme d'un point de vue de la théorie nous emmènent à nous intéresser à la définition qu'en donnent les techniciens du contreterrorisme. L'une des définitions contemporaines les plus anciennes du terrorisme émanant d'administrations gouvernementales, a été publiée en 1977 par le Département d'État américain qui définit le terrorisme comme une « violence préméditée, à motivations politiques, exercée contre des cibles non-combattantes par des groupes subnationaux ou des agents clandestins, dont le but est généralement d'influencer une opinion[12]. »

31

Il est facile de reconnaître dans cette définition, l'influence du concept clé de « cible non-combattante » issu du droit international humanitaire, qui pourtant ici n'a plus sa place, pas plus que le caractère subnational des groupes terroristes. Les trois organisations terroristes les plus importantes de la dernière décennie – L'État Islamique, Al Qaïda et Boko Haram – ne sont pas des acteurs subnationaux, et désignent comme cibles à la fois d'innocents civils et des bases militaires[13]. De plus, ainsi que nous l'avons rappelé plus haut, les motivations de la violence terroriste ne se limitent pas au politique. Elles peuvent certes être politiques, mais aussi religieuses, ou idéologiques, ainsi que l'indique la définition apportée par le manuel de terrain édité par le Département américain de la Défense, et destiné à accompagner la conceptualisation stratégique des opérations militaires américaines en contexte de conflit de basse intensité.

Selon ce manuel, le terrorisme est « l'usage illégal – ou la menace – de force ou de violence contre des individus ou des biens, pour contraindre ou intimider des gouvernements ou des sociétés souvent pour atteindre des objectifs politiques, religieux ou idéologiques »[14]. La possibilité de promotion d'un *message* idéologique ou religieux par la violence terroriste, telle que rappelée par le Département américain de la Défense, ouvre la voie à des concepts relativement récents dans l'histoire du terrorisme et qui sont souvent employés (à tort) comme synonymes : Djihadisme, et Islamisme radical.

En ce qui les concerne, les Nations unies ne parviennent pas non plus à adopter une définition consensuelle du terrorisme. À défaut d'une convention contre le terrorisme dont les négociations peinent à aboutir depuis plusieurs décennies, l'Assemblée Générale des Nations unies utilise une définition issue de la Déclaration de 1994 sur les mesures visant à éliminer le terrorisme international. Selon cette définition le terrorisme serait un ensemble d'« actes criminels qui, à des fins politiques, sont conçus ou calculés pour provoquer la terreur dans le public, un groupe de personnes ou chez des particuliers, sont injustifiables en toutes circonstances et quels que soient les motifs de nature politique, philosophique, idéologique, raciale, ethnique, religieuse ou autre que l'on puisse invoquer pour les justifier[15]. »

Cette définition élargit, de fait, le spectre des natures possibles des revendications ou *messages* invoqués à l'appui des actes terroristes. Cependant, elle introduit un flou potentiel dans la compréhension du phénomène, en donnant au message une fonction de *justification*. L'idée de *justification* induit un effet *a posteriori* de la revendication. Il ne s'agirait plus d'un *message* appréhendé comme *objectif,* et par conséquent antérieur à l'acte terroriste en lui-même et qui le transcende par le fait même qu'il lui survit (comme c'est le cas pour toutes les propositions de définitions que nous avons analysées jusqu'ici), mais plutôt d'une justification postérieure à l'acte terroriste et dont la fonction semble se limiter à « justifier » celui-ci.

C'est sans doute pour ne pas tomber dans ces écueils liés à une définition systématique du terrorisme, que l'Organisation de l'Unité Africaine (OUA), ancêtre de l'Union Africaine (UA), a adopté dès 1999, une démarche radicalement différente. Ainsi au lieu de définir le terrorisme en soi, la Convention de l'OUA de 1999 sur la Prévention et la Lutte contre le Terrorisme en Afrique énumère une liste d'actions considérées comme des « actes terroristes »[16]. Ce texte fait partie des précurseurs de la prise en compte du terrorisme au niveau continental, avec la Résolution de 1992 sur le Renforcement de la Coopération et de la Coordination entre les États Africains[17] d'une part, et la Déclaration de 1994, sur le Code de Conduite pour les relations Inter-Africaines d'autre part[18].

C'est dans cette dernière Déclaration que l'organisation continentale fait d'ailleurs mention pour la première fois de quelques *prétextes* (nous les appelons ici *messages*) possibles du terrorisme : sectaires, tribaux, ethniques ou religieux. Contrairement à la démarche onusienne décrite précédemment, les *messages* potentiels des actions terroristes se placent pour l'OUA, dans le registre du *prétexte* – acceptant par conséquent l'idée d'antériorité et de transcendance du *message* sur les actes terroristes en eux-mêmes. De même, comme pour la définition du Département américain de la Défense relevée précédemment, les natures possibles de ce message s'étendent aussi chez l'OUA, aux messages religieux.

L'arrivée des -ismes religieux et la déviation sémantique du terrorisme

L'apparition du terme de Djihadisme dans sa compréhension contemporaine[19] est relativement récente et fait partie des principaux indicateurs de la centralité de l'argument religieux comme raison d'être du terrorisme moderne. L'aspect religieux a certes souvent été largement partie de l'engagement de plusieurs groupes terroristes. Les exemples historiques de l'IRA (Armée républicaine irlandaise) catholique, des Commandos de la Main Rouge (Red Hand Commandos) protestants, ou encore de l'OLP (Organisation de libération de la Palestine) à forte dominance musulmane sont à ce titre, évocateurs. Cependant, la religion n'a jamais été que l'un des aspects de ces organisations dont la principale motivation était résolument politique, nationaliste pour certains ou anticolonialiste pour d'autres.[20]

C'est le début des années 1980 qui a connu l'émergence d'organisations terroristes *essentiellement* liées au fait religieux. On attribue généralement à la révolution islamiste iranienne de 1979 d'avoir facilité l'émergence d'une rhétorique religieuse par essence, conduisant l'activité d'organisations terroristes[21], mais ce précédent limité à l'Islam politique ne rend pas compte du caractère plus étendu de ce mouvement à travers diverses autres religions ou sectes. Sur le continent africain naissait déjà dès 1987, la Lord Resistance Army (Armée de Résistance du Seigneur) de Joseph Kony, dans la région de Gulu, au nord de l'Ouganda. Même si elle est créée avant tout sous la forme d'une rébellion politique, elle évolue à partir des années 1990 à la fois sur le plan de l'extrémisme religieux chrétien et sur l'emprise territoriale de ses actions[22]. Ailleurs dans le monde, le groupe terroriste chrétien américain American Christian Patriots avait exécuté un attentat à la bombe en avril 1995 contre le siège de l'administration fédérale à Oklahoma City faisant 168 morts, une attaque justifiée par des argumentaires millénaristes, liés à la fin du monde. De même l'attentat au gaz sarin dans le métro de Tokyo perpétré par la secte Aum Shinrikyo la même année, avait pour unique objectif d'accélérer l'avènement d'une nouvelle ère annoncée par son prophète, Shoko Asahara.

Cependant, au cours des années 1990, l'influence grandissante de plusieurs organisations terroristes musulmanes[23] mettant le principe religieux musulman du *djihad* au cœur de leur rhétorique de combat, polarisa rapidement les attentions sur le terrorisme d'essence islamiste. Le quasi-monopole de l'espace médiatique par cette forme de terrorisme, débuta au moins après les attentats de Bombay qui firent plus de 400 morts en février 1993. En plus de concentrer l'attention sur la forme islamiste du terrorisme, la succession d'attaques perpétrées par des groupes terroristes islamistes au cours des années 1990[24], induisit deux changements importants dans la compréhension du terrorisme moderne.

Le premier de ces changements est la mutation du terrorisme passant de « technique ou stratégie de combat » à « forme d'acteur. » En effet, il est utile de rappeler que l'ambivalence de notion de terrorisme depuis le début du XVIIIème siècle tenait avant tout au fait qu'elle était comprise et interprétée comme une technique ou une stratégie de combat. Utilisée par les indépendantistes algériens du FLN[25] ou le mouvement anticolonialiste kényan Mau-Mau[26], elle pouvait avoir une connotation positive pour certains acteurs, alors qu'elle devenait totalement illégitime et même criminelle entre les mains de la secte japonaise Aum Shirinkyo, par exemple. Cette forme de *neutralité de l'outil* avait d'ailleurs participé à donner au terrorisme une connotation positive au cours des années 1960, où plusieurs groupes nationalistes ou indépendantistes l'utilisaient comme instrument de leur révolution[27]. La vague d'attentats de terroristes islamistes des années 1990 a permis une confusion désormais couramment acquise entre la stratégie et le groupe qui l'utilise : le terrorisme est devenu le label d'une forme d'acteur criminel qui se définit par l'utilisation de cette stratégie mais la définit elle-même, lui enlevant de fait, la *neutralité de l'outil.*

Le deuxième changement s'est opéré sur un plan sémantique, dans la continuité du premier : « terrorisme », « djihadisme » et « islamisme » sont progressivement devenus interchangeables et presque synonymes, faisant ainsi – à tort – du terrorisme, une création de l'Islam politique. Ainsi désormais, c'est le terrorisme non islamiste qui semblait devenir l'exception, là où l'Islamisme portait le monopole de la production du terrorisme. Ces mécanismes rendent plus complexe toute tentative de définition du terrorisme contemporain et sa distinction des termes proches de « djihadisme » et d'« Islamisme ». Aussi, une démarche utile consisterait à démêler les trois concepts, en rappelant une définition *neutre* des deux derniers termes, afin de mieux restituer leurs points d'attache avec le terrorisme.

La porte d'entrée du djihadisme dans la sphère du terrorisme d'un point de vue idéologique, est l'Islamisme, qui en constitue la légitimation politique et religieuse. L'Islamisme peut être défini comme un ensemble de mouvements politiques et religieux qui tendent à revendiquer l'instauration de la loi islamique (la Charia) comme règle de fonctionnement des sociétés. À ce titre, il est intéressant de remarquer que le suffixe *-isme* ajouté à Islam permet de combiner la religion (Islam) et le principe idéologique qui accompagne son ambition universaliste. En cela, l'Islamisme consacre la fonction politique de l'Islam qui fait dire à certains auteurs que l'Islamisme est le pendant politique de l'Islam[28].

Cette visée universaliste[29] de la religion – qui du reste, n'est pas une invention de l'Islam[30] – représente le fondement religieux de l'Islamisme. Elle trouve ses outils entre autres, dans le Coran. En effet, le livre saint de l'Islam se structure comme un ensemble de révélations prophétiques[31] et de solutions juridiques et politiques destinées à guider la conduite des croyants et à répondre aux problèmes des sociétés musulmanes. À ce titre, l'un des outils prophétiques prescrits par le livre saint de l'Islam pour remplir cette ambition universaliste est le *djihad*. Plusieurs références du Coran, évoquent des aspects du djihad[32]. La création de ce principe religieux comme outil au service de l'expansion de l'Islam, en tant que religion et source du droit, s'avère d'une importance capitale dans la naissance du concept de djihadisme, pour deux raisons. D'une part il permet l'usage de la force au service des idéaux religieux, et d'autre part, désigne un ennemi physique à côté de l'ennemi spirituel.

En premier lieu, la finalité islamique assignée au *djihad,* celle de « réformer la terre » prescrit à la fois une action sur l'esprit et le cœur du croyant[33], et une action sur le monde qui l'entoure[34], cette dernière pouvant nécessiter l'usage de la force[35]. Cette dernière voie du djihad ouvre la possibilité de la lutte armée pour protéger la religion et la communauté musulmanes lorsqu'elles sont menacées ou attaquées. Ainsi après l'invasion de l'Afghanistan par la Russie à la fin de l'année 1979, la résistance afghane a puisé dans cette ressource religieuse de « guerre sainte » contre l'occupant soviétique pour mobiliser des milliers de croyants de plusieurs pays du monde, venus protéger la religion et la communauté musulmanes.

En second lieu, la combinaison de ces deux dialectiques spirituelle (Grand djihad) et matérielle (Petit djihad) au sein des sociétés islamiques, a favorisé l'émergence d'interprétations plus résolument politiques du principe religieux, entraînant comme principale conséquence, la désignation d'un « ennemi de l'Islam », représentation devenue évolutive avec l'évolution des contextes historiques. L'ennemi plus diffus et vaguement désigné comme « les mécréants » par le Coran[36] s'est généralement précisé selon les circonstances historiques. En 1979, *les mécréants* représentaient la puissance soviétique envahissant l'Afghanistan, tandis qu'à partir du début des années 1990 après la Guerre du Golfe, *les mécréants* représentaient les États-Unis et leurs alliés occidentaux, et de plus en plus, depuis le début des années 2000, le « modèle occidental ».

Cet ennemi évolutif a nourri et légitimé les dynamiques de recrutement des groupes terroristes utilisant l'Islamisme comme fondement religieux. Le djihad étant une obligation religieuse, il est aussi devenu l'un des principaux arguments de recrutement, particulièrement efficace en ce qu'il rassemblait de fait une communauté musulmane intemporelle et sans limites géographique ou de nationalité. Ainsi est né le djihadisme dans sa compréhension contemporaine, que nous définirons comme un mouvement idéologique dérivé d'une interprétation politique du djihad musulman, qui prescrit et légitime l'utilisation de la violence armée au service de groupes ou d'organisations se réclamant de l'Islam, pour défendre des positions politiques, idéologiques ou sociales.

Dans le contexte africain : Djihadisme ou Terrorisme ?

Cette mise au point conceptuelle autour du Djihadisme, de l'Islamisme et du Terrorisme permet d'examiner en profondeur la confusion sémantique qui prévaut quant aux mouvements et organisations violents sur le continent africain. L'utilisation quasiment interchangeable des termes de djihadisme et de terrorisme[37] telle qu'elle prévaut dans les médias et dans un grand nombre de ressources y compris institutionnelles sur le continent, s'explique par un double facteur.

D'un côté, l'évolution sémantique du terrorisme telle que décrite plus haut – passant de méthode de lutte armée à type d'acteur – a largement favorisé la labellisation *a priori* « terroriste » de nombreux mouvements et organisations armées violents sur le continent. De fait, la plupart de ces organisations armées entrent pleinement dans la définition du terrorisme sinon par leur essence (type d'acteur), du moins par leurs tactiques militaires (méthode de lutte armée). D'un autre côté, l'utilisation de plus en plus courante de la rhétorique du djihad comme argumentaire de recrutement (en raison, mais pas seulement, de son efficacité telle que décrite précédemment) a multiplié le nombre de ces mouvements et organisations armées violents se réclamant du djihadisme et de l'Islam. Aussi la tendance la plus courante a-t-elle été d'utiliser – à tort – djihadime et terrorisme ou djihadiste et terroriste comme synonymes, masquant ainsi une réalité beaucoup plus complexe.

De prime abord, qu'il s'agisse de djihadisme ou de terrorisme, le point commun de ces deux concepts est, comme posé plus haut, l'existence d'un *message* ou, comme dit Konrad Kellen, d'une *cause*[38], de quelque nature qu'elle soit. C'est précisément sur la nature, et sur la fonction du *djihad* dans le processus de légitimation de cette cause, qu'apparaissent les divergences les plus importantes.

Dans son essence historique, la *cause* du terrorisme est avant tout de nature politique, sociale ou idéologique. Depuis l'organisation russe du XIXe siècle *Narodnaïa Volia,* l'une des premières à adopter la notion de « propagande par l'action » de Carlo Pisacane[39] les organisations terroristes ont gardé dans leur essence, la lutte pour un changement radical dans la vie politique et sociale, des territoires où elles sont actives. En revanche, la *cause* du djihadisme découle naturellement du précepte religieux qui le fonde – le *djihad*. Elle en conserve la nature avant tout religieuse, ayant pour objectif de créer ou d'imposer des normes politiques, juridiques ou sociales dictées par la religion musulmane. Cette différenciation de la nature des causes défendues par le terrorisme d'une part, et par le djihadisme d'autre part, n'a pas pour objet de questionner la légitimité ou non de celles-ci. Elle permet cependant de mieux appréhender la fonction de l'argumentaire religieux lié au *djihad* lorsqu'elle est utilisée invariablement par une organisation terroriste ou djihadiste par la nature de leur cause.

La fonction de l'argumentaire religieux lié au *djihad* lorsqu'il est mis en avant par une organisation terroriste par la nature de sa cause, est celle du ralliement. L'exemple de l'invasion de l'Afghanistan en 1979, est à ce titre des plus éloquents. La « guerre sainte » légitimée par le djihad était par nature résolument politique : repousser l'occupant soviétique. Cependant, les rebelles afghans ont rallié un grand nombre de soutiens (et notamment un ralliement massif de volontaires musulmans étrangers) en utilisant l'argumentaire du djihad, en ce qu'il représente une obligation religieuse en terre d'Islam. Dans le contexte africain, un précédent de cette nature, est celui des deux guerres saintes de l'émir algérien Abd el-Kader (1808-1883). Ce héros de la lutte contre la colonisation a lancé au cours de sa vie, deux *djihads* successifs[40] contre l'occupant français. Là encore, l'enjeu était avant tout politique, la guerre contre l'envahisseur permettant à Abd el-Kader de garantir l'indépendance de l'Algérie, cependant les ressorts du ralliement du peuple sont ceux du *djihad*[41].

Les organisations djihadistes par la nature de leur cause placent quant à elles le *djihad* comme fondement religieux au cœur de leur activisme. La fonction du *djihad* dans leur argumentaire est centrale : elle est leur raison d'être. Ces organisations ont une ambition clairement définie d'islamisation (ou de protection de l'Islam) dans les territoires où elles sont actives. Ainsi, elles mêlent couramment l'activisme violent aux actions d'enseignement et de propagande destinées à faire de leurs victimes de « bons musulmans »[42]. À ce titre les exemples des groupes terroristes nigérian Jama'atu Ahlis Sunna Lidda'awati wal-Jihad (qui s'est rendu tristement célèbre sous le nom de Boko Haram) et somalien Harakat al-Shabab al-Moudjahidin (connu sous le nom de Al Shabab) font partie des plus éloquents. Le premier a, dès sa fondation en 2002, affiché son ambition d'étendre la pratique d'un Islam plus radical par l'enseignement et la prédication. De même, au tout début de sa lutte armée en 2009, l'objectif affiché par son leader Abubakar Shekau était de rétablir le califat de Sokoto dans ses limites établies au début du XIXème siècle[43]. Les somaliens d'Al Shabab avaient un objectif similaire. Issus des branches les plus radicales des Tribunaux Islamiques, leur lutte a pour objectif de « protéger » la Somalie, Terre d'Islam, contre l'émergence d'un État séculier qui ne reconnaîtrait pas l'Islam comme sa religion, et la Charia comme sa loi.

Il est nécessaire à ce stade, d'indiquer que cette distinction par la nature et la fonction de leur cause, entre terrorisme et organisations terroristes d'une part, et djihadisme et organisations djhadistes d'autre part, est avant tout théorique. Au lieu de créer des cloisons artificiellement étanches entre les deux types d'acteurs – ce qui la distancierait inévitablement de la réalité – elle permet surtout de créer une structure schématique la plus proche possible de la réalité, comme base de travail et outil d'analyse. C'est pourquoi dans le cadre du présent ouvrage, nous utiliserons la terminologie de *terrorismes* (au pluriel) et de *terroristes*.

L'intérêt de cette terminologie est triple. D'abord, elle instaure une passerelle entre deux réalités différentes mais non systématiquement distinctes et cloisonnées – terrorisme, et djihadisme – afin de permettre une analyse d'ensemble du phénomène dont elles sont la représentation. Ensuite, elle ouvre la voie à l'examen *à l'intérieur du phénomène*, des particularités propres à chacune de ces réalités d'un point de vue de la réponse sécuritaire et des politiques publiques, sans avoir à changer les postulats de base qui définissent le phénomène entier. Enfin, le choix et l'utilisation de cette terminologie des *terrorismes,* permet de réconcilier les deux grands mouvements sémantiques (terrorisme comme tactique de combat, et terrorisme comme type d'acteur) dans un corpus cohérent, plus à même de restituer la pluralité des acteurs présents dans le contexte africain.

Ceci étant posé, nous définirons les *terrorismes* comme un ensemble de techniques militaires impliquant l'usage d'une violence ou de la menace d'une violence indiscriminée, arbitraire et à fort capital émotionnel en raison de sa publicité ; utilisées par des acteurs transnationaux qui s'y identifient partiellement ou entièrement et les légitiment par un argumentaire politique, religieux, ou idéologique, destiné à imposer ou à défendre un modèle d'organisation sociale et politique alternatif. Cette définition établit un cadre d'analyse utile pour entrer dans le sujet du présent ouvrage. En premier lieu, elle nous permet d'interroger successivement la structure idéologique et fonctionnelle des terrorismes actifs à travers le continent en la confrontant systématiquement au modèle structurel le plus commun chez les États africains, afin de déceler les indéterminations qui offrent des points d'ancrage durables aux terrorismes (Partie 1). Cette démarche permet en second lieu, d'aborder les réponses apportées aux terrorismes, sous un angle d'analyse adapté au dialogue des structures ainsi instauré, et permettant par conséquent de tirer les solutions les plus efficientes en matière de politiques publiques, et d'éviter les pièges d'une action trop locale ou trop superficielle (Partie 2).

Partie 1 : État et terrorismes, le duel des structures

La décolonisation a créé des structures administratives sans contenu politique consolidé. Aussi serait-il inexact de penser que les États africains ont démissionné. Dans les faits, ils n'avaient jamais été présents sous la forme que l'on a coutume d'attendre d'un État, et cette nuance sémantique est lourde de conséquences.

L'émergence d'un acteur égal sur le plan sécuritaire est facilitée par un contexte où l'État africain jouait déjà quasiment à égalité avec d'autres acteurs sur les plans administratif, social et politique. Les terrorismes en ont tiré des bénéfices significatifs en matière de structuration et de « légitimation ».

.

Structures étatiques africaines, une construction de faible profondeur

Il n'est pas possible d'aboutir à une compréhension utile sur le plan décisionnel, de la structure des États modernes africains sans s'intéresser à la décolonisation d'au moins deux points de vue : historique et politique. L'histoire des pays du continent et le passage de la colonisation ont influencé leur structure à diverses échelles allant de la distribution du pouvoir au niveau local, à l'intégration du fait frontalier ou à l'acceptation de l'administration, entre autres exemples. Sans pour autant donner dans une forme de déterminisme historique tendant à faire croire *a priori* que toute la construction des États modernes africains est définie de façon immuable par leur histoire, il reste cependant nécessaire de saisir en toute lucidité la part de cette histoire dans cette construction.

De même, le prolongement de la démarche ainsi décrite amène à questionner les conséquences des choix et orientations politiques des pays indépendants dans leurs doctrines de l'administration. Puisque les concepts de présence visible de l'État, et de contrôle total du territoire ont un sens et des conséquences significatives sur le plan sécuritaire et politique, il a été facile d'en déduire dans le discours habituel que les États qui ne remplissaient pas ces deux conditions sur continent – comme c'est le cas de la majorité d'entre eux – pouvaient être considérés comme *démissionnaires*. Une déduction qui, nous le verrons, manque de rigueur et de pertinence dans le contexte de l'action administrative et politique commun à de très nombreux États du continent.

Héritage historique et politique : la création de territoires superposés

Quarante-huit des cinquante-trois[44] pays africains ont accédé à leur indépendance au cours des trois décennies allant de 1950 à 1980[45]. Cette *vague des indépendances* est couramment analysée comme l'une des conséquences de la Deuxième Guerre mondiale (1939-1945) et de la nouvelle polarisation de la puissance internationale qui en a résulté, entre les deux blocs idéologiques : l'Ouest libéral et l'Est communiste[46] qui ne possédait pas de colonies africaines. Au niveau africain, elle a été aussi l'œuvre de nouvelles tendances nationalistes émergentes au début des années 1950 au sein d'une élite éduquée et formée dans les universités des métropoles, et souhaitant la construction d'États africains indépendants sous les idéaux de démocratie ou parfois – dans un contexte de guerre froide – de communisme.

Plusieurs organisations politiques et figures africaines de proue illustrent ce mouvement. L'on citera par exemple, dans les anciennes colonies britanniques, l'activisme de la Convention People's Party (CPP) fondée en 1949 par le ghanéen Kwame Nkrumah, ou de la Tanganyika African National Union (TANU) du tanzanien Julius Nyerere, ou encore du National Council of Nigeria and the Cameroons (NCNC) dont l'un des fondateurs, Nnamdi Azikiwe, a joué un rôle central dans les négociations pour l'indépendance du Nigéria ; et les leaders nationaux dans les anciennes possessions françaises, pour la plupart membres fondateurs du Rassemblement démocratique Africain (RDA)[47] ou de ses sections locales – l'ivoirien Félix Houphouët-Boigny, le nigérien Hamani Diori, le malien Modibo Keïta[48], ou le guinéen Sékou Touré.

Le rôle de ces *pères des indépendances* a été capital pour donner un visage et un leadership aux mouvements vers l'indépendance des pays du continent. Il est cependant plus pertinent de comprendre ces indépendances comme le résultat d'une interaction plus large et plus complexe entre d'un côté un activisme en écho, de diverses organisations syndicales, organes de presse, partis politiques et autres mouvements estudiantins ; et d'un autre côté, un contexte national (l'émergence d'élites) et international (la fin de la Deuxième Guerre mondiale et le retentissement de plus en plus fort que les luttes pour l'indépendance rencontrent au sein de la toute nouvelle Organisation des Nations unies[49]). Ce constat entraîne au moins deux conséquences capitales dans la détermination de la structure des nouveaux États indépendants du continent.

La première conséquence est liée au caractère impréparé commun à la plupart des indépendances de la vague de 1950-1980. Cette impréparation procède du fait que les luttes pour les indépendances s'accompagnaient rarement d'une véritable construction d'États souverains. Lorsqu'elles ne devaient pas la concéder au prix de guerres meurtrières[50], les puissances coloniales ne *donnaient* pas l'indépendance de bonne grâce à leurs anciennes colonies – y compris pour les indépendances *négociées*. Chez les anciennes colonies françaises, cette reluctance se traduisit par la création d'une Union Française à la Conférence de Brazzaville (30 janvier au 8 février 1944), puis d'une Communauté Française[51]. La métropole reconnaissait ainsi aux populations des colonies le droit d'être représentées à l'Assemblée nationale et à l'Assemblée de l'Union Française, dans un effort de distraire les tensions indépendantistes de plus en plus fortes, et d'éloigner les leaders potentiellement séditieux de leurs bases populaires. Dans les anciennes colonies britanniques, la stratégie aura consisté à céder une partie du pouvoir administratif local aux colonies par le biais d'institutions locales fondées sur l'autorité des chefs traditionnels, c'est l'*Indirect Rule*. Ces deux orientations, nous y reviendrons, ont introduit de fait, une forte impréparation dans la marche vers les indépendances et favorisé l'émergence d'États pauvrement structurés.

La seconde conséquence procède de la première. Elle est liée à l'inexistence dès les indépendances, de doctrines politiques et administratives propres aux nouveaux États dont les élites dirigeantes, plus formées à être (tout au plus) des administrateurs supérieurs que de véritables décideurs, se sont contentées de doctrines *héritées* des anciennes administrations et puissances coloniales. Ce phénomène peut s'expliquer en particulier, mais pas seulement, par les deux orientations décrites plus haut, et qui ont marqué les décennies précédant immédiatement les indépendances – très schématiquement – dans les anciennes colonies britanniques d'une part, et dans les anciennes possessions françaises d'autre part.

En premier lieu, les lendemains des indépendances ont laissé dans certaines anciennes colonies – notamment britanniques – des structures administratives *indigénisées,* mais sans doctrine propre, et incapables de construire des États réellement autonomes sous les aspects de doctrine administrative guidée entre autres par une programmation politique et stratégique locale, et susceptible au demeurant, de consolider des États souverains administrativement cohérents. Ceci est à plusieurs égards, le résultat des théories administratives successives de l'*Indirect Rule,* puis du *Responsible government,* mises en application dès la fin de la Deuxième Guerre mondiale (1945), et qui ont mis l'accent sur le remplacement progressif de l'administration coloniale par des administrations locales parfois dirigées par des autorités traditionnelles. L'*Indirect Rule* puis le *Responsible government* ménageaient à la puissance coloniale britannique, quoiqu'à des degrés sensiblement différents, la parcelle du pouvoir politique et administratif qu'il aurait alors été capital de céder pour favoriser l'émergence de doctrines administratives locales propres : la dimension de la programmation stratégique et de l'ordonnancement des politiques publiques. Ainsi, le rôle des administrations locales indigènes s'inscrivait dans ces dimensions, dans la continuité administrative de l'empire colonial britannique, et laissait peu de place à l'autonomie dans la désignation et la planification de politiques publiques locales, qui aurait contribué à consolider dès les premières heures, des États administrativement autonomes et cohérents.

La démarche a été sensiblement différente dans les anciennes colonies françaises du continent. Ici *l'indigénisation* des structures administratives a été encore plus faible. En revanche, l'ancienne administration coloniale française a privilégié – au moins en apparence – l'émergence d'élites politiques au sein même des populations des colonies. À ce titre, il est intéressant de relever que l'une des principales conséquences de la mise en place successive de l'Union Française puis de la Communauté Française a consisté pour la plupart des *pères des indépendances* dans les anciennes colonies françaises à être d'abord incorporés à l'appareil politique français. Nombre d'entre eux ont ainsi siégé comme députés représentant les colonies dont ils étaient issus, à l'Assemblée nationale française[52]. Cette incorporation a eu pour principal effet, comme indiqué plus haut, de donner une illusion de prise de contrôle de leur destin au niveau politique par colonies, et d'éloigner par le fait même, les leaders potentiellement capables de porter les revendications indépendantistes au sein des populations coloniales. Les indépendances ont, ceci dit, sans aucun doute été voulues, encouragées et parfois arrachées en partie grâce à l'apport précieux et l'engagement individuel d'un très grand nombre de ces élites. Il reste cependant qu'au moment de la création des nouveaux États souverains africains dont ils ont eu la charge, ces leaders apparaissaient davantage comme des hommes politiques français qu'africains. Ils l'étaient par la socialisation, et par la culture politique puisqu'ils avaient pour ainsi dire, fait leur apprentissage de l'État à l'école de la République française, là où les entités politiques et territoriales africaines issues des indépendances avaient besoin d'être inventées, au regard de leur histoire et après le bouleversement introduit par le *moment* colonial européen qui débute au début du XIXème siècle.

Cette histoire politique africaine avant le moment colonial

Le débat d'une périodisation de l'histoire politique africaine — ou de l'histoire africaine tout court — est sensible et sujet à controverse. D'abord parce qu'il a été longtemps dominé par une périodisation somme toute rudimentaire, autour de la colonisation européenne (définissant une histoire précoloniale, coloniale, et postcoloniale du continent africain) ; mais aussi parce qu'il porte le danger de vouloir consolider *une* histoire africaine alors qu'il apparaît plus proche de la réalité de considérer une multitude d'histoires africaines traversées par *des moments historiques*[53] relativement transversaux. Notre objectif n'est pas de nous étendre sur l'histoire de toutes les structures administratives, sociales et politiques qui précèdent le moment colonial européen. Il est cependant utile ici, d'interroger par le contraste, l'indétermination structurelle, politique et administrative, commune à la plupart des États modernes africains issus de la vague des indépendances des années 50-80. Ainsi, la nécessité d'une démarche de périodisation — même rudimentaire – répond à la question évidente qui émerge de cet objectif : quelles structures et entités politiques précédant ce moment colonial, sont utiles pour mettre en évidence un tel contraste ?

Cette interrogation est légitime à au moins deux égards. En premier lieu, l'histoire des structures et entités politiques africaines qui précèdent l'installation des premières colonies européennes est vaste et turbulente. Elle décrit un mouvement continuel de changements politiques plus ou moins brutaux, et de durée très variable – un flux constant de colonisations internes et externes successives, pour reprendre le postulat de John Iliffe[54] – qui font qu'il n'est pas exact de penser que l'Afrique d'avant la fin du XVIIIème siècle constituait un ensemble d'entités et de structures politiques et sociales figées[55]. En second lieu, la détermination du début du moment colonial européen sur le continent peut être imprécise, puisqu'elle dépend de la définition de la colonisation européenne elle-même.

À ce niveau, deux définitions possibles de la colonisation européenne peuvent avoir une influence directe sur le choix d'une période de début. Il peut s'agir de colonisation dans sa compréhension de domination totale (politique, économique et administrative), dont on situerait les prémices au début des années 1830 avec l'invasion de l'Algérie et du Sénégal par la France, ou l'installation des premières colonies britanniques d'Afrique australe autour des mines de diamant de Kimberley à partir des années 1860, ou encore – mais dans une moindre mesure – l'installation des « Républiques » du Transvaal, ou de l'État libre d'Orange issues du « grand trek » des Boers hollandais dans les années 1840. Ces dominations coloniales se sont au demeurant, définitivement consolidées au plan politique avec la conférence de Berlin de 1885. Il peut s'agir aussi d'une compréhension de la colonisation européenne qui débuterait avec la seule domination économique, des marchés et des flux commerciaux (autour notamment – mais pas seulement – de l'ivoire, de l'or, du bois, des peaux et fourrures, et des esclaves) auquel cas l'on placerait le curseur du début du moment colonial européen un peu plus tôt – vers la fin du XVIIIème siècle – à l'apogée des principaux comptoirs européens qui réorientent l'essentiel du commerce africain interne et externe, vers les marchés et l'économie européens[56].

Il est utile pour ce qui concerne cet ouvrage, de s'intéresser à la première définition de la colonisation européenne, qui induit une domination totale, économique, mais aussi administrative et politique permanente. L'intérêt de ce choix est triple. D'abord, cette forme de colonisation représente à plusieurs égards, la poursuite du projet entamé dès la fin du XVIIIème avec les dominations économiques et des marchés rappelées plus haut. Ensuite, elle présente une structure politique et administrative relativement homogène – à l'inverse des comptoirs européens – qui réplique dans une certaine mesure, l'ordre politique européen de l'époque (États rivaux ou alliés, équilibre territorial autour de frontières fixes âprement négociées ou disputées, lutte constante pour le rayonnement économique…) et le *superpose* à un ordre politique africain destiné à être administrativement et politiquement assimilé. Enfin, il est possible à défaut d'accord sur le temps historique, de déterminer un temps politique précis de son début, en l'occurrence au moment de la conférence de Berlin de 1885.

Il nous est possible dès lors, de capturer pour ainsi dire, un instantané des structures politiques et administratives africaines d'avant 1885, à partir desquelles il faut établir le contraste avec les structures politiques et administratives issues des indépendances. Nous devons dire, tout bien considéré, qu'il existe bien, au moins à cet égard, un *moment précolonial* de l'histoire politique africaine. Il ne se définirait évidemment pas par « des origines jusqu'à la colonisation européenne » – ce qui représenterait un travers réducteur pour les raisons évoquées plus haut – mais l'on pourrait le délimiter schématiquement autour des derniers équilibres politiques et administratifs consolidés qui ont vu arriver les premiers colons européens revendiquant des territoires et un ordre politique et administratif *superposé,* directement issu des négociations de Berlin.

Les équilibres politiques, sociaux et administratifs précédant immédiatement le moment colonial

C'est désormais (et heureusement), un lieu commun à l'échelle des connaissances actuelles, d'avancer que le continent africain possède une histoire humaine politique et sociale *banale,* c'est-à-dire – à la suite d'Achille Mbembé notamment – égale en tant qu'objet d'étude, à l'histoire de toute autre région du monde, et plus ou moins intégrée à l'Histoire du monde selon les époques. De cette évidence en découle une autre : l'instantané des derniers équilibres politiques et administratifs consolidés précédant immédiatement le moment colonial, qui nous intéresse ici, ne saurait être appréhendé comme un moment historique figé. Il s'agit bien plus, d'*équilibres* au sens de situations constantes temporaires, créées par des acteurs qui y trouvent un intérêt (ou acceptées/subies par d'autres qui ne trouvent pas d'intérêt immédiat ou n'ont pas les ressources nécessaires pour les remettre en cause) et ayant elles-mêmes résulté de changements successifs des rapports de force ou de dépendance issus des situations précédentes.

Cette dernière observation est capitale. Comme dans de nombreux endroits du monde et en de nombreuses époques, la stabilité politique d'avant l'arrivée des colons européens sur le continent africain, se comprend moins comme une fixité intemporelle, que comme un *équilibre temporaire* des pressions sociales, démographiques et politiques contradictoires qui se produit pendant des périodes dont la durée est extrêmement variable, et qui favorise l'émergence de structures administratives, sociales et politiques consolidées. Le passage d'un équilibre à un autre est donc à ce titre, un phénomène naturel en soi, explicable au sens mathématique[57] – ce qui n'implique pas nécessairement qu'il soit prédictible cela dit.

À cette étape, l'origine endogène ou exogène des pressions sociales, démographiques et politiques qui produisent ces changements d'équilibre successifs, n'est pas intéressante a priori. C'est davantage le potentiel disruptif des changements induits qui retiennent l'attention. Ce potentiel peut provenir de plusieurs facteurs, dont l'un des plus importants est la brutale soudaineté des changements induits (à l'échelle d'une histoire de territoires et de structures politiques, sociales et administratives). C'est le cas des guerres d'invasion coloniales qui se sont généralisées sur le continent africain au lendemain de 1885[58] ; et c'est le cas aussi des décolonisations des années 50-80[59]. Du reste, si le moment colonial européen a une importance dans l'histoire récente du continent africain, ce n'est pas tant par sa nouveauté en soi – nous l'avons dit plus haut, l'histoire du continent est aussi celle de colonisations internes et externes successives même si elles ne sont pas toutes égales[60] – que par le potentiel disruptif des nouveaux équilibres qu'il induit d'une part, et par l'indétermination des structures politiques et administratives consécutives à la rupture tout aussi brusque de ces équilibres aux indépendances.

L'une des principales difficultés à établir un instantané précis des derniers équilibres politiques précédant immédiatement le début de la colonisation européenne est la faible restitution historique du regard que portaient les africains – et notamment les dirigeants des entités politiques de cette période – sur eux-mêmes et sur leurs structures sociales et politiques ; en contraste flagrant avec l'abondance des regards extérieurs portés sur ces sociétés par ailleurs[61]. Dans les années 1980, l'Organisation des Nations unies pour l'Éducation, la Science et la Culture (UNESCO) a mené une initiative scientifique d'ampleur, l'Histoire générale de l'Afrique, dont l'une des finalités était précisément de consolider l'état des connaissances des historiens spécialistes de l'Afrique. Ce travail d'envergure (qui comprend 8 volumes allant de la préhistoire à l'Afrique d'après 1935) offre une base de travail objective capitale pour la compréhension des dynamiques et structures sociales et politiques africaines en place à l'arrivée des colons européens[62]. Il est en revanche quasiment impossible (en dehors des sources orales dont le passage à l'écrit grâce au travail des historiens reste encore largement insuffisant à l'échelle du continent) d'accéder à l'autre histoire plus *subjective,* racontée par les principaux acteurs africains de cette période.

Cette histoire subjective aurait eu le mérite d'enrichir les outils d'analyse en prenant en compte le discours des principaux acteurs sur les dynamiques qu'ils ont soit eux-mêmes contribué à consolider ou auxquelles ils ont participé directement. En l'absence de cette histoire subjective néanmoins, plusieurs points de régularité sont à observer dans l'instantané objectif des structures politiques, sociales et administratives précédant immédiatement le moment colonial européen. Ces points de régularité sont d'origines diverses, économique, politique, religieux-identitaires, et jouent un rôle capital dans les dynamiques sociales et politiques et les structures consécutives de l'époque, qu'ils traversent et influencent par ailleurs.

Le commerce des esclaves constitue, à la fin du XIXème siècle, l'un de ces points de régularité incontournables de l'économie du continent. Sur toutes les côtes du continent, les entrepôts d'esclaves se sont multipliés, orientés schématiquement vers les deux principaux « marchés » de traite : les Amériques et les Indes. Ainsi schématiquement, le marché des Amériques était alimenté par les entrepôts de la façade occidentale du continent, dont les plus importants sont Saint-Louis, Gorée, Sao Tomé, Luanda, Benguela et la Baie de Walvis entre autres, lorsqu'on longe les côtes occidentales du continent du nord vers le sud. Le marché des Indes, orienté vers le golfe arabo-persique s'approvisionnait quant à lui sur les côtes Est du continent, Sofala, Kiiwa, Zanzibar, Pemba, Malindi, Mogadiscio entre autres, lorsqu'on remonte la façade orientale du continent du sud vers le nord, en contournant le Cap de Bonne Espérance.

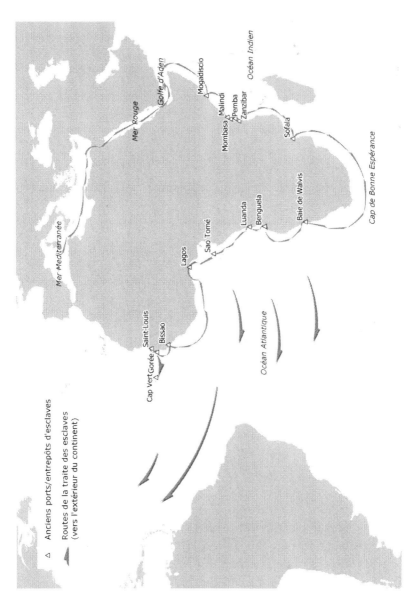

Carte 1 : Traites des esclaves à la fin du XIXème siècle

Le deuxième point de régularité à observer s'inscrit davantage dans le registre politique voire identitaire et religieux. Il s'agit de la vague de mouvements de conquête (ou de reconquête) politique qui ont traversé divers endroits du continent dès le tout début du XIXème siècle. En Afrique occidentale et jusqu'au nord du Cameroun actuel, une vague de djihads entre 1804 et 1864, a permis de consolider les Empires du Macina, et Toucouleur, ainsi que le Califat de Sokoto.[63] Plus au nord, l'Égypte entame en 1805, une ère de réformes administratives importantes et de conquêtes politiques et territoriales sous le pacha Muhammad Ali dont les armées descendent le Nil jusqu'au centre du Soudan actuel, où il fonde la ville de Khartoum à la rencontre du Nil Blanc et du Nil Bleu. De même, en Afrique australe, le Mfecane Zoulou crée dès la fin des années 1810, des dynamiques migratoires qui se poursuivront même après la mort de Chaka en 1828 et influenceront l'équilibre politique (fortement polarisé autour du royaume Zoulou) qui prévaudra dans la région au début du *Grand Trek* Boer des années 1840. Un phénomène similaire se produit aussi sur l'île de Madagascar. L'expansion du Royaume Imerina à partir du début des années 1820 y crée une entité politique sinon unique, du moins incontournable dans un espace territorial modérément ouvert aux dynamiques en cours sur le reste du continent, à-travers les échanges passant par le canal du Mozambique.[64]

Somme toute, il est intéressant de réaliser au demeurant, ce que ces points de régularité révèlent de l'histoire politique du continent au XIXème siècle. D'un côté les dynamiques économiques (le commerce des esclaves et de plusieurs denrées, sel, or, peaux, ivoire…) ont créé de véritables flux commerciaux internes dont la densité et la vitalité (en termes d'échanges et de profit économiques) ont facilité l'érection de structures dédiées et la prospérité des entités politiques qui les alimentent. Ainsi, il est apparu commun et économiquement valable[65] que le commerce des esclaves devienne l'une des ressources les plus importantes dans les économies de plusieurs entités politiques.[66] Un exemple de ce phénomène sur les côtes ouest-africaines, est le royaume d'Oyo (partie ouest de l'actuel Nigeria, jusqu'à l'Atlantique). L'historien John Ogunsola Igue estime qu'Oyo aura connu sa prospérité en grande partie grâce au commerce des esclaves, disposant à son apogée, d'au moins un entrepôt d'esclaves à Porto-Novo (actuel Bénin), approvisionné par de fréquentes razzias dans les régions voisines plus faibles.[67]

Ces dynamiques économiques avaient par ailleurs favorisé au cours des deux siècles précédents, l'expansion de l'islam sur les principales routes commerciales, permettant à terme, l'émergence des idéologies et des doctrines politiques fondées sur la charia et la religion, qui ont pu faciliter la vague des djihads ouest-africains qui représentaient à la fois des conquêtes territoriales destinées à fonder des entités politiques, et des conquêtes religieuses[68]. D'un autre côté, la structuration politique et administrative a dû se consolider autour de centres d'intérêt (ou de pression) sociale et politique, nées de ces dynamiques économiques. Qu'elle ait abouti à une très forte décentralisation – parfois même proche de l'émiettement – comme pour le Califat de Sokoto, ou plutôt à une centralisation administrative poussée (c'est le cas du royaume Zoulou ou d'Oyo, ou de l'Égypte sous la dynastie de Muhammad Ali), cette structuration a fatalement créé une dynamique administrative centre-périphérie, avec au centre les capitales ou les principales villes-entrepôt (Lagos, Benguela, Sofala, Mombasa, Khartoum, Tombouctou…) érigées sur les routes commerciales internes et externes, et à la périphérie, des royaumes ou chefferies d'importance politique et économique moindre, vassalisés ou fréquemment razziés par le centre. Ainsi, les zones de contact entre les centres et leurs périphéries ont fréquemment été ces zones de grande conflictualité.

Il faut évidemment préciser du reste, que les dynamiques décrites précédemment ne sont pas linéaires et forcément reliées par des rapports de causalité directe et exclusive. Elles ont plus probablement été parallèles, parfois antérieures ou amorcées depuis beaucoup plus longtemps dans certaines régions que dans d'autres, et résulté de faisceaux de causes d'importance variée ayant conduit à populariser des tendances plus répandues que d'autres, de structures politiques et administratives à une même époque. C'est donc cet ensemble de tendances communes à une même époque, qui génère les *équilibres* définis plus haut, non pas, encore une fois, au sens de stabilité figée, mais davantage au sens de situations constantes temporaires, où les pressions centrifuges des acteurs politiques, économiques et sociaux, s'annulent pour ainsi dire, en un point d'équilibre plus ou moins précaire. C'est aussi sur ces équilibres qu'il devient utile de relever le potentiel disruptif du moment colonial européen et l'indétermination qu'il introduit.

Des territoires politiques, sociaux et administratifs, superposés

Le moment colonial européen s'étale de la fin du XIXème au milieu du XXème siècle sur le continent africain. L'installation et la clôture de cette colonisation finalement très courte à l'échelle de l'histoire politique du continent, se sont opérées selon des modalités nécessairement brutales et radicales sur lesquelles la recherche et la littérature scientifique reviennent abondamment. Cette brutalité radicale s'exprime entre autres, sur deux échelles distinctes : temporelle d'abord, puis structurelle. De plus, l'un de ses effets sur l'ordre politique africain de la fin du XIXème siècle, ce que nous avons appelé précédemment le phénomène des *territoires superposés,* constitue à plusieurs égards le changement le plus lourd de conséquences sur les structures politiques et administratives à naître.

En premier lieu, à l'échelle du temps long de l'histoire politique du continent, peu de changements politiques et administratifs aussi importants que les colonisations se sont imposés avec autant de soudaineté. Les invasions coloniales devenues générales sur le continent à partir de la fin des années 1880 avaient abouti dès le début des années 1900, à des territoires totalement ou partiellement occupés, où les rois et autres autorités politiques connus jusque-là étaient devenus au mieux des administrateurs de leurs territoires au service du nouvel empire colonial, ou au pire des résistants désespérés, poursuivis et vaincus[69]. Cette modification rapide de l'ordre politique sur le continent a entraîné en second lieu, des changements brutaux (au sens de violence cette fois) à l'échelle des structures économiques et sociales notamment, plus lentes à intégrer le nouvel ordre politique.

La principale conséquence de cette double brutalité est l'inévitable indétermination des structures politiques et administratives issues des indépendances. En effet, l'implantation brutale de l'ordre politique et administratif européen a de fait, transformé les équilibres préexistants en ordres secondaires, et permis la coexistence – fréquemment conflictuelle – de deux ou de plusieurs territoires (politiques, sociaux, administratifs…) superposés possédant leurs propres chaînes de loyauté, pesanteurs, et modalités d'exercice et d'influence.

Arrêtons-nous quelques lignes sur cette implantation de l'ordre politique colonial européen. Contrairement à ce que l'on pourrait avancer, la période de l'intensification du commerce entre européens et africains qui atteint son apogée schématiquement entre le XVIIIème et la fin du XIXème (au plus fort du commerce des esclaves), ne coïncide pas avec celle de l'imposition d'un ordre politique et administratif superposé. Qu'il s'agisse d'esclaves, de bois, d'ivoire, ou d'autres ressources échangées sur les principales routes commerciales, les entités politiques africaines commerçaient vraisemblablement en toute liberté avec les acheteurs européens. Elles demeuraient égales, au moins à ce titre, et concédaient à l'influence administrative européenne, tout au plus des comptoirs de commerce ou des villes-entrepôt, lesquelles restaient cela dit, sous l'autorité politique directe des royaumes qui les utilisaient. Ainsi dans ce contexte, l'ordre politique européen restait résolument européen et ne pouvait exporter ses conflictualités ou ses alliances internes sur le continent, qu'avec l'adhésion délibérée des entités politiques locales qui pouvaient par exemple accepter de vendre à un client plutôt qu'à un autre, d'accorder l'accès aux ressources aux partenaires français plutôt que britanniques…

Cette relation change radicalement avec la colonisation européenne. La domination politique et administrative qui s'installe transforme cette relation commerciale, en échange inégal. Ceci explique le rôle déterminant de la conférence de Berlin de 1885. D'un côté, elle *superpose* un ordre politique négocié exclusivement entre partenaires-concurrents européens, à l'ordre politique du continent au-demeurant assez connu des acteurs européens dans le cadre du commerce qui avait cours jusque-là ; et d'un autre côté elle renie désormais l'autorité politique et administrative des acteurs africains sur les territoires dont les divers empires coloniaux convoitent les ressources. Ainsi par exemple, la guerre de 1914-1918 devenait-elle *naturellement* aussi une guerre entre le Togoland allemand et le territoire voisin du Dahomey, membre de l'Afrique occidentale française, tandis que la guerre franco-allemande (juillet 1870 à mai 1871) restait résolument un conflit intereuropéen, malgré la présence autant des français que des allemands sur le continent.

Les modalités de cette *superposition* des ordres, ne sont pas seulement politiques et territoriales. Elles sont aussi sociales et administratives. Il ne s'agit pas, on l'aura compris, de « rupture institutionnelle » ou de « passage » d'un système à un autre au sens de Benton[70], mais bien de « superposition » d'un ordre (politique, économique, territorial, administratif et social...) à un ou plusieurs autres ordres préexistants, qui n'ont pas totalement disparu au bout de la transaction. En dépit de l'installation rapide d'une nouvelle administration au service des empires coloniaux – facilitée et soutenue par la supériorité militaire et technologique évidente des armées des colonisateurs européens –, la transformation des structures sociales locales a suivi une trajectoire plus lente et moins facilement contrôlable. Les exemples sont nombreux. On citera pêle-mêle la subsistance de royautés vénérées dont le rôle politique (parfois nié par les autorités étatiques) s'exprime très régulièrement aujourd'hui encore, notamment dans les situations de conflit ou de partage de ressources[71] ; ou encore l'application continue par des populations locales, de normes juridiques parallèles qui auraient dû avoir disparu avec l'instauration de l'administration coloniale et de son système juridique, puis des systèmes juridiques des États modernes d'après les indépendances[72].

La conséquence de cette superposition des territoires est double et se situe au niveau politique, social, et administratif. En premier lieu, la pratique et la culture politique de la plupart des États modernes du continent prennent en compte, et sont massivement influencées par cette superposition. L'appartenance ethnique des dirigeants ou des candidats est l'un des paramètres centraux dans les transitions (ou les refus de transitions) politiques[73]. Cette importance centrale des appartenances ethniques produit une reconnaissance parfois informelle, mais de plus en plus formalisée, des rois et autres souverains comme source de l'autorité politique, même au sommet de l'État. Ainsi, plusieurs pays du continent reconnaissent et créent un statut des autorités traditionnelles et coutumières (rois, chefs traditionnels…) encadrée par des lois. C'est le cas du Cameroun, du Tchad, du Nigeria ou de l'Ouganda entre autres. Bien évidemment, il peut s'agir comme avancent beaucoup d'analystes, de manœuvres politiques des dirigeants pour contrôler l'influence et l'autorité de ces chefs traditionnels et coutumiers. Ce constat n'enlève rien à la valeur politique de la démarche, celle d'une reconnaissance de l'autorité de ces figures politiques parallèles ou, pour employer le terme choisi ici, superposées.

En second lieu, cette reconnaissance d'autorités superposées sur le plan politique produit sur le plan administratif, un affaiblissement du contrôle des États. Il s'agit d'une dynamique paradoxale de force extérieure et faiblesse intérieure qui apparaît directement liée à l'influence d'autorités politiques superposées au niveau local. En effet, les États modernes africains expriment un contrôle administratif fort – ou au moins exclusif – sur de nombreux aspects de la vie administrative de leurs citoyens qui mettent ceux-ci en relation avec le monde extérieur. L'établissement et le contrôle de la nationalité et de l'état civil (par les pièces d'identité, et les documents de voyage notamment) semblent par exemple parfaitement maîtrisés au niveau de l'État, ou en tout cas, ne sont clairement pas disputés dans la plupart des cas, par des autorités parallèles en dehors de logiques conflictuelles établies. Il en va de même pour plusieurs aspects, du judiciaire-carcéral au contrôle macroéconomique. En revanche, beaucoup d'autorités politiques superposées ont encore la maîtrise de nombreux aspects administratifs internes de la vie des citoyens. Cela peut aller de la médiation dans les conflits (facilitant parfois la subsistance de systèmes judiciaires – ou de compensation judiciaire – parallèles/ superposés) à l'assistance sociale, jusqu'à toucher l'éducation dans certains cas.

Par ailleurs, il faut ajouter à cette logique de superposition, une dimension territoriale au sens strict, liée notamment au peuplement des espaces frontaliers. Il est commun que les espaces frontaliers des États modernes africains soient moins précisément démarqués[74] – en dehors des points de passage administratifs – et développent des dynamiques sociales spécifiques. Ces dernières tiennent certes du caractère évidemment spécial des démarcations frontalières à quelque endroit du monde où l'on se trouve. Cependant l'on retrouve davantage une dynamique de superposition encore plus précise dans ces espaces frontaliers africains qu'ailleurs. En effet dans les États modernes africains, les structures sociales liées au peuplement, au lien ethnique ou communautaire, ou aux activités économiques locales, ont subsisté au passage du moment colonial et des frontières qu'il a tracées. Ces structures sont ainsi très couramment « transfrontalières » (au sens de transcendance et de superposition). L'installation des frontières administratives renforcées par le principe politico-juridique d'intangibilité des frontières héritées de la colonisation[75] a eu pour effet de déterminer les relations entre États africains dans une logique territoriale plus ou moins clairement délimitée d'une part, et d'éviter au continent d'autre part, les nombreux conflits qui naîtraient inévitablement de la remise en question tout aussi inévitable de ces frontières administratives. Il reste néanmoins que c'est une délimitation administrative et juridique utile certes, mais qui n'estompe pas les communautés homogènes (même groupe ethnique, mêmes familles, mêmes chaînes d'activités micro économiques) comme le rappelle bien le Professeur Ijaola Asiwaju[76]. Bien plus, ces communautés homogènes décrivent désormais leurs frontières propres de façon délibérément autonome, et les superposent aux frontières administratives[77].

Ce phénomène n'aurait pas d'intérêt particulier s'il ne produisait pas, à plusieurs égards, des conséquences politiques et administratives souvent niées par les États, mais bien réelles. La plus importante de ces conséquences est la prééminence des schémas de loyauté (ou de redevabilité sociale) liée à l'appartenance à ces territoires sociaux transcendants sur lesquels se superposent les frontières administratives. À ce titre, les populations Toubou (pour reprendre et détailler l'exemple évoqué en introduction de ce livre) installées dans le sud du Fezzan libyen, jusque dans le nord du Tibesti (côté tchadien) et au nord-est du Ténéré (côté nigérien), seront plus socialement engagées par des dynamiques internes à leur communauté, sans considération pour la démarcation frontalière administrative superposée qui aurait voulu de fait, une égale démarcation des dynamiques sociales d'un côté et de l'autre des frontières entre les trois pays (Libye, Niger, Tchad). Un Toubou du Tchad se sentirait pour ainsi dire, plus Toubou que tchadien, de même qu'un Toubou de la Libye se sentirait plus Toubou que libyen et donc plus proche du Toubou tchadien qu'il ne l'est de son concitoyen libyen de Tripoli ou de Darnah en ce qui concerne le sentiment d'appartenance. L'importance de ces dynamiques qui s'expriment également cela dit, dans le cas des autorités traditionnelles à l'intérieur des pays, est capitale en particulier dans les logiques conflictuelles ou les rébellions politiques internes à divers États. Pour poursuivre avec l'exemple Toubou, il expliquera ainsi en grande partie, pourquoi beaucoup de groupes rebelles armés tchadiens du Tibesti à forte dominance ethnique Toubou, utilisent plus facilement le Fezzan libyen (peuplement Toubou) comme base arrière[78].

Ainsi, qu'elle s'exprime par l'importance d'autorités politiques traditionnelles parallèles/ superposées ou par des frontières sociales transcendant la démarcation frontalière administrative des États, la superposition des territoires a généralement participé à la consolidation de structures étatiques et administratives affaiblies qui, par simplification excessive, ont créé le mythe commun en Afrique de « l'État démissionnaire. »

Encadré 1 : Territoires superposés : L'Exception éthiopienne

La plus grande majorité des États modernes africains répondent à cette structure que nous avons décrite ci-dessus, sous le nom de *territoire superposés*. Il existe cependant quelques exceptions dont la plus intéressante est celle de l'Éthiopie. L'exception éthiopienne à la structure des territoires superposés s'inscrit à deux niveaux : historique et politique.

L'absence de colonisation directe sur le territoire éthiopien au XIXème siècle, malgré les deux tentatives italiennes, est l'un des facteurs historiques de l'exception éthiopienne. Elle

---

a permis la construction d'une entité politique non superposée, quoique soumise à ses propres turbulences politiques liées aux antagonismes ethniques internes (domination des Amhara du plateau de l'Abyssinie sur les autres ethnies, annexion de l'Ogaden, occupation de l'Érythrée…). Au plan politique, cette absence de superposition a eu deux effets à l'apparence opposés. Premièrement, elle a favorisé l'expression de l'aspect ethnique – et de ses antagonismes et alliances – comme caractéristique centrale de l'espace politique (et non comme paramètre secondaire comme c'était le cas dans les États postcoloniaux où la doctrine de l'État-nation héritée de la colonisation européenne tend à minimiser l'importance de l'aspect ethnique). Ceci a certes mené à un ensemble politique hautement instable mais, et c'est le second effet de l'absence de superposition des territoires, les solutions politiques, administratives et juridiques apportées, même imparfaites ou contreproductives, ne peuvent pas bénéficier de la facilité de s'attaquer à des problèmes superficiels. C'est le cas de la Constitution de 1994 qui crée une forme de « fédération ethnique » avec des états régionaux délimités par neuf des principales nations ethniques, et qui reconnaît à toutes les autres le droit de créer un état régional.

Structures administratives de faible profondeur : le mythe de « l'État démissionnaire »

Dans son essai *Dead Aid*[79], à la fois capital et (pas assez) sujet à débat, paru en 2009, l'économiste zambienne Dambisa Moyo met en lumière et analyse la question de la fatale démission économique de beaucoup d'États africains face à une politique d'aide internationale invasive et peu responsabilisante. Elle s'intéresse notamment à l'un des phénomènes qu'il devient indispensable de remettre en question – y compris et surtout sur le plan politique qui nous intéresse ici en particulier – par les effets négatifs qu'il induit sur la structure des États modernes africains : la multiplication incontrôlée des acteurs non étatiques sur ce que nous appellerons *les chemins critiques*[80].

Intéressons-nous à ces chemins critiques dans le cadre de la vie et de l'action des États modernes africains. Avant d'en proposer une définition plus loin, voici un exercice de la pensée qui permettra d'étayer nos arguments. D'abord établissons une sorte de check-list qui recense les domaines et activités de leur vie sociale et administrative dans lesquels il est entendu que des citoyens d'un État quelconque s'attendent à une action directe de celui-ci sur une durée indéterminée. Cette liste n'est évidemment pas exhaustive, et sera forcément plus ou moins longue selon la conception de chacun, du rôle de l'État (État providence, ou plutôt libéral par exemple). Pour faciliter l'exercice, nous limiterons notre liste à un minimum de 12 domaines ou actions sur lesquels la plupart de ces conceptions de l'État se rejoindront :

1. L'état-civil (l'établissement d'une nationalité, et de pièces d'état civil)
2. La défense du territoire et de ses populations
3. L'éducation et la culture
4. La justice
5. La santé publique
6. La législation (vote des lois)
7. La sécurité et la protection de la paix sociale
8. La protection et le respect des droits humains

9. La protection et le respect des droits économiques (liés à la production et aux échanges économiques)
10. La protection et le respect du droit à la propriété (notamment foncière)
11. La protection et le respect des droits des minorités
12. La protection de l'environnement et du cadre de vie

Ensuite, intéressons-nous de plus près à cette liste que nous considérerons comme la check-list de base des chemins critiques de tout État moderne, et donc des États africains ; et interrogeons-nous sur l'importance en pourcentage de l'action directe effective des États africains dans chacun de ces domaines ou activités, par rapport à d'autres acteurs. Ces autres acteurs pouvant être – mais nous y reviendrons en détail plus loin – des autorités traditionnelles dont l'importance politique a été analysée plus haut, des ONG locales ou internationales, les citoyens eux-mêmes agissant en groupe plus ou moins organisé, des organisations corporatistes, etc. Notons avant de poursuivre qu'il est important d'évaluer l'action directe des États africains dans ces activités ou domaines, puisqu'une action indirecte ne bénéficiera pas de la même perception chez les citoyens comme nous l'analysons dans le commentaire qui suit cette première phase. De même, puisqu'il s'agit d'un exercice de la pensée, nous schématisons évidemment, et ne prenons pas en compte les diverses subtilités liées aux modalités de l'action de l'État ou des autres acteurs (État avec le financement d'un autre acteur ; autre acteur avec le financement de l'État, partenariat public-privé interne ou externe, maîtrise d'ouvrage…). Pour simplifier, nous compterons donc dans le même pourcentage, les actions indirectes de l'État et l'action des autres acteurs.

Chemin critique	% de l'implication des acteurs	
	État	Autres acteurs (ou État, indirect)
1. L'état-civil (l'établissement d'une nationalité, et de pièces d'état civil)	100%	0%
2. La défense du territoire et de ses populations	100%	0%
3. L'éducation et la culture	40%	60%
4. La justice	60%	40%
5. La santé publique	20%	80%
6. La législation (vote des lois)	90%	10%
7. La sécurité et la protection de la paix sociale	30%	70%
8. La protection et le respect des droits humains	30%	70%
9. La protection et le respect des droits économiques (liés à la production et aux échanges économiques)	20%	80%
10. La protection et le respect du droit à la propriété (notamment foncière)	30%	70%
11. La protection et le respect des droits des minorités	10%	90%
12. La protection de l'environnement et du cadre de vie	20%	80%

Tableau 1 : Taux d'action de l'État ou des Autres acteurs dans les « chemins critiques »

Enfin, en reprenant le tableau ci-dessus évaluons *la perception* des citoyens des États africains quant à l'acteur principal directement engagé dans les activités ou domaines dans lesquels, rappelons-le, le principe de base demeure que l'État soit l'acteur principal. Ici encore quelques notes sur la méthode pour évaluer cette perception. Le principal générateur de cette perception est l'effet de publicité. Quels que soient le degré ou les modalités de son implication, l'acteur qui est mis en avant dans la communication liée à l'activité ou au domaine pris en considération apparaît pour les citoyens et les bénéficiaires, comme l'acteur principal. Il peut s'agir bien entendu, d'une perception erronée ou beaucoup trop tranchée eu égard à la subtilité de l'implication de divers autres acteurs. Cependant, c'est clairement cet effet publicité qui détermine a priori, la première perception du citoyen quant au principal acteur engagé dans un domaine ou une activité. De même, puisque la publicité est directement corrélée au taux d'action de l'acteur concerné (exprimé en pourcentage dans notre tableau), on pourra en déduire qu'un fort pourcentage induira la perception de l'acteur qui le détient comme principal acteur dans le chemin critique considéré.

Chemin critique	Pourcentage de l'implication des acteurs		Acteur *perçu* comme principal
	État	Autres acteurs (ou État, indirect)	
1. L'état-civil	100%	0%	État

74

(l'établissement d'une nationalité, et de pièces d'état civil)			
2. La défense du territoire et de ses populations	100%	0%	État
3. L'éducation et la culture	40%	60%	État + Autre acteur
13. La justice	60%	40%	État
14. La santé publique	20%	80%	Autre acteur
15. La législation (vote des lois)	90%	10%	État
16. La sécurité et la protection de la paix sociale	30%	70%	État + Autre acteur
17. La protection et le respect des droits humains	30%	70%	Autre acteur
18. La protection et le respect des droits économiques (liés à la production et aux échanges économiques)	20%	80%	Autre acteur
19. La protection et le respect du droit à la propriété (notamment foncière)	30%	70%	Autre acteur
20. La protection et le respect des droits des minorités	10%	90%	Autre acteur

21. La protection de l'environnement et du cadre de vie	20%	80%	Autre acteur

Tableau 2 : Perception du principal acteur engagé dans les « chemins critiques »

Au bout de cet exercice, l'on pourra tirer au moins trois conclusions essentielles pour la compréhension du principal matériau de la construction d'un État démissionnaire en contexte africain : le rapport entre l'identification des chemins critiques et la perception de l'engagement effectif des États modernes africains comme principaux acteurs.

La première conclusion est une identification essentiellement variable des chemins critiques. De base, nous définirons les chemins critiques comme tous les domaines et activités de la vie d'un citoyen où il attend de droit, l'action directe de l'État dont il est le sujet, pour une durée au moins égale à son existence. La notion d'attente induisant inévitablement celle de perception de la part du citoyen (perception d'une attente comblée, perception d'un acteur – que ce soit l'État ou un autre – comme ayant comblé cette attente…) il sera difficile de définir une liste exhaustive de chemins critiques qui s'appliquerait systématiquement à tous les États africains. L'exercice auquel nous nous sommes livrés précédemment établit une liste sur laquelle il est probable la plus grande majorité s'accordent. Mais il s'agit avant tout d'un exercice, puisque l'identification même de ces attentes se fait dans un dialogue intersubjectif entre le citoyen et l'État. Les attentes du citoyen sont plus ou moins influencées par des facteurs internes (situation économique, aspirations sociales, culture…) et externes (informations sur les conditions de vie des citoyens d'autres pays, connaissances générales sur le monde, contexte régional…). Quant aux attentes que l'État projette chez le citoyen, elles sont essentiellement déterminées par au moins deux éléments : ses capacités réelles d'action (qui influent largement sur sa doctrine administrative et politique) et l'influence des grandes orientations régionales ou internationales, définies dans le cadre d'organisations intergouvernementales auxquelles il appartient et dont le respect contribue à sa reconnaissance subjective comme acteur régional ou international crédible.

Quoi qu'il en soit, et c'est la deuxième conclusion à tirer de cet exercice, la perception par le citoyen, de l'acteur principal (État ou autre) directement impliqué dans la réponse à ses attentes, est fortement liée à l'effet de publicité rattachée à l'action. Ainsi que nous avons commencé à le décrire précédemment, l'acteur le plus mis en avant dans la communication liée à un chemin critique se présente en définitive comme le principal acteur dans la perception des citoyens. Les modalités de son action peuvent certes être complexes et impliquer d'autres acteurs à des degrés différents, ou selon des règles précises permettant un équilibre des charges. Il reste cependant que la perception est souvent schématique par souci de simplicité et qu'elle profite à ce titre, au seul acteur sur lequel porte la publicité. Les leviers de cette publicité sont par ailleurs nombreux et méritent un chapitre à eux seuls. Ils peuvent être simples et directement accessibles, comme un uniforme militaire, ou le logo d'une ONG internationale imprimé sur la blouse des agents d'une campagne de vaccination ; ou au contraire plus subtils comme le prêche d'un pasteur ou d'un imam affilié à une organisation caritative, ou même la simple existence d'une telle organisation caritative en tant qu'acteur dans un domaine ou une activité perçue comme chemin critique. Dans tous les cas la perception qu'elle induit chez le citoyen devient inévitablement l'un des principaux ressorts de la construction d'un État démissionnaire en influant, comme nous le démontrerons plus loin dans cet ouvrage, sur les chaînes de loyauté et donc sur la construction d'un sentiment d'appartenance.

La troisième conclusion concerne l'engagement statistique des États modernes africains dans les chemins critiques généraux, tel que relevé dans le dernier tableau. Il en ressort (encore une fois en simplifiant notre liste à un minimum de 12 chemins critiques globalement acceptés) que la tendance pour les États du continent est celle d'une présence directement perçue, sur un peu plus de 30% des chemins critiques (4 sur 12 dans notre exercice). Dans la grande majorité des autres cas, un autre acteur est perçu comme étant à la manœuvre. Cette tendance nécessite certes d'être confirmée par des travaux statistiques approfondis qui porteraient par exemple sur une liste plus étendue et spécifique à chaque pays du continent. Elle donne cependant en l'état, un accès brut à une connaissance devenue quasiment intuitive dans de nombreux pays du continent, celle de la « démission de l'État », idée qui pour notre part est erronée à plusieurs égards.

Non, les États modernes africains ne sont pas démissionnaires...

Il est difficile de situer historiquement l'apparition de l'expression « État démissionnaire » dans le contexte de l'action publique sur le continent africain. L'idée a été popularisée au début des années 1980 avec la généralisation de l'action des organisations non gouvernementales (ONG) de développement et plus largement d'une multitude d'autres acteurs non étatiques dans les pays du continent. Elle part du postulat (théorisé dès 1986 par Burton Weisbrod notamment[81]) selon lequel les fortes inégalités et hétérogénéité au sein de certaines sociétés engendrent à la fois une demande et une offre élevées de biens collectifs pourvus par des organisations à but non lucratif. Même si à l'échelle globale, le mouvement des ONG s'est universalisé au cours des dernières années de la Deuxième Guerre mondiale (1939-1945)[82], le constat de la « démission » des États africains nouvellement indépendants apparaît intrinsèquement lié à l'action généralisée de ces ONG et autres acteurs non étatiques dans la provision de ces biens collectifs (que nous avons appelée ici « les chemins critiques ») sur le continent, schématiquement au milieu des années 1980. Il est donc à ce titre, indispensable d'analyser la compréhension de l'État démissionnaire en lien avec l'existence et l'action des ONG sur ces chemins critiques. Deux mécanismes complémentaires peuvent expliquer la valeur théorique de l'argumentaire lié à la démission de l'État.

Le premier s'inscrit en amont de la généralisation de l'action des ONG et autres acteurs non étatiques sur les chemins critiques dans les États africains au milieu des années 1980. Il part du constat, manifeste et indéniable, que très peu d'États africains nouvellement indépendants étaient structurellement viables et capables d'occuper valablement tous les chemins critiques, sur la totalité de leurs territoires, et pendant de longues périodes de temps. Plusieurs d'entre eux sortaient d'éprouvantes guerres d'indépendance, avec comme conséquence évidente entre autres, la difficulté à structurer des administrations performantes sur le moyen terme. Pour les autres dont le processus a été moins conflictuel, la prise de possession et l'occupation effective (administrative et politique) du territoire ne pouvaient manifestement pas s'opérer sur le court terme, puisque plusieurs préalables nécessitaient un investissement sur le temps long (formation d'une administration locale performante, structuration d'économies capables d'assurer une certaine autonomie de l'action publique, consolidation des territoires et des institutions, etc). Dans ce contexte, une action des ONG de développement devenait indispensable pour seconder les nouveaux États indépendants dans les chemins critiques où ils échouaient à assumer pleinement leurs rôles (c'est le cas de la santé, de la lutte contre la pauvreté et la famine, et de l'éducation entre autres).

Le second mécanisme intervient dans la continuité historique du premier, et renforce le mouvement amorcé par celui-ci. En effet, en allégeant le sentiment d'urgence chez les dirigeants, à prendre possession et à occuper les chemins critiques dans l'action publique, la présence continue et de plus en plus massive des ONG[83] a favorisé une déresponsabilisation des politiques publiques africaines. Celles-ci se sont davantage consolidées dans une logique de captation du financement apporté par celles-là et par l'aide publique étrangère en général, déléguant de fait l'occupation des chemins critiques, à des acteurs non étatiques ou non liés à l'État. Ainsi progressivement, les politiques publiques sont apparues moins responsables de l'occupation effective des chemins critiques que de la captation des ressources – financement, et aide technique notamment – nécessaires à cette occupation par d'autres acteurs, selon des modalités encore une fois variables. Les gouvernements sont restés, au moins à ce titre et comme à la fin du moment colonial, des gouvernements de hauts fonctionnaires, ne possédant pas de fait la capacité de décider de façon autonome de leurs priorités en matière de politiques publiques.

Nous forçons (à peine) le trait, cela dit, pour mettre en lumière la mécanique de la soi-disant « démission » des États modernes africains. Il existe évidemment des subtilités et des cas spécifiques à travers le continent. Cependant les deux mécanismes ainsi décrits expliquent la conclusion à laquelle beaucoup d'analystes ont pu aboutir, qu'à de nombreux endroits du continent subsistent des « États démissionnaires ». Une conclusion trop hâtive à notre sens, sans doute par souci de simplification, et, dans tous les cas, trop imprécise pour rendre compte des dynamiques et pesanteurs liées aux structures administratives et aux politiques publiques dans les États africains.

...ce sont des États de hauts fonctionnaires

Avant tout, nous nous accordons sur les effets : la structure administrative et la philosophie des politiques publiques courantes dans de nombreux États africains ont abouti à une *absence* manifeste de l'État dans de nombreux chemins critiques. Cette absence n'est pas pour autant à notre sens, le résultat d'une *démission* de l'État. Elle procède davantage d'une structuration plus ou moins raisonnée des politiques publiques autour de solutions de court terme, voire de très court terme, qui a façonné le mode d'action des États. En d'autres termes, alors qu'une *démission* aurait signifié une *absence volontaire*, décidée comme telle, et totale, de l'État ; la situation apparaît davantage comme une *absence involontaire,* résultant directement de choix de politiques publiques, devenus les plus communs parce qu'ils étaient facilités par l'abondance d'acteurs non étatiques désireux et capables d'occuper les chemins critiques à la place des États et de leurs administrations, et d'atteindre des solutions de très court terme consciemment privilégiées par les États. À cet égard l'on pourrait avancer au demeurant que dans leur structuration et leur mode d'action les États africains sont à la fois *délégataires* puisqu'ils délèguent l'occupation des chemins critiques à une multitude d'acteurs non-étatiques ; et *délégués* puisque l'orientation des politiques publiques vers les solutions de très court terme les oblige de fait, à se structurer autour de la captation des ressources (financières et techniques) disponibles au service d'objectifs qui, a priori, peuvent ne pas être les leurs. C'est une situation fortement contrastée que nous labelliserons *États de hauts fonctionnaires*.

Cette précision est capitale parce qu'elle induit une multitude de conséquences parmi lesquelles nous retiendrons trois essentielles, nécessaires à la compréhension du cadre africain dans lequel les terrorismes ont eu une relative facilité à prospérer, et continueront probablement à le faire si aucun changement n'est fait en profondeur. Elle a contribué à façonner ce que nous appelons la particularité africaine des terrorismes et de l'extrémisme violent, et que nous développons plus loin dans cet ouvrage. Ces trois conséquences sont essentiellement d'ordres structurel, civique et politique. Elles découlent directement du cadre structurel, politique et administratif, fondé par des *États de hauts fonctionnaires* détaillé dans le paragraphe précédent ; et qui s'en nourrissent aussi, formant ainsi un cercle vicieux.

La première conséquence est structurelle : en privilégiant plus généralement les solutions de très court terme, les politiques publiques africaines ont adopté une structuration qui favorise à terme, un affaiblissement de l'État et de sa présence administrative. Il est difficile de rendre compte de l'idée d'État faible dans le contexte africain, tant la faible couverture des chemins critiques par l'administration publique contraste (très fortement dans certains cas) avec une puissance et des droits parfois démesurés, du volet de cette même administration liée à la force publique (militaire et défense, renseignement interne, contre-insurrection). Nous considérons pour notre part cette puissance démesurée de la force publique dans son expression essentiellement à l'intérieur des pays, comme l'un des indices précisément, de cette faiblesse structurelle commune à plusieurs États du continent. En effet, la structuration essentiellement autour de la délégation de la couverture des chemins critiques renforce ces États dans une position résiduelle d'imposition de l'ordre et de la paix sociale qu'ils ne peuvent, de toute façon, obtenir que par la force publique, en l'absence d'arguments susceptibles d'engager légitimement la loyauté de leurs citoyens.

C'est la deuxième conséquence, civique, de la construction des *États de hauts fonctionnaires* : la multiplication des acteurs non étatiques sur les chemins critiques favorise une multiplication parallèle des chaînes de loyauté, et l'émiettement inévitable du sentiment d'appartenance nationale. Il est utile de rappeler ici que les États africains sont fondés depuis les indépendances, sur le modèle westphalien de 1648 et qu'à ce titre, l'un des principes qui fondent leur cohérence structurelle est celui du sentiment d'appartenance nationale, ou patriotisme, fondé sur le droit. Il s'agit pour reprendre le principe de Jean-Jacques Rousseau, d'un contrat social. Cette remarque doit toutefois être suivie d'une autre tout aussi capitale : il n'en a pas toujours été ainsi.

L'idée de la primauté d'un contrat social selon les termes de Rousseau, nécessaire à la construction de l'État, était encore à réaliser pour la plupart des pays africains au moment de leur indépendance. Non pas parce que les entités politiques précédant directement le moment colonial ne soient pas fondées sur une forme de contrat social, mais parce que ce dernier a dû avoir des termes autres que ceux de Rousseau, donnant la priorité par exemple à l'appartenance familiale, à l'appartenance ethnique, aux intérêts économiques, ou aux nécessités de partage des ressources, dans la construction d'une appartenance nationale. Ainsi, un sentiment d'appartenance nationale fondé en priorité sur un principe aussi abstrait que l'État au sens westphalien, ne pouvait être qu'une construction nouvelle et ardue par les termes nouveaux qu'il introduit dans le contrat social. Il ne pouvait, à cet égard, être consolidé que sur le temps long, par les États modernes africains qui consentiraient alors à apporter pour ainsi dire comme nouvelle monnaie d'échange, l'expression cohérente et directe de la puissance publique (l'administration) entre autres objets du nouveau contrat social. Or, dans un contexte de multiplication d'acteurs non étatiques directement impliqués dans l'expression des différentes facettes de cette puissance publique, le sentiment d'appartenance non encore consolidé au demeurant, ne peut que se trouver émietté lui-même, en de multiples chaînes parallèles de loyauté. C'est sans doute l'angle sous lequel il faut lire la subsistance d'autorités politiques parallèles incarnées par les chefs traditionnels et coutumiers, dont l'influence politique a été partiellement décrite au chapitre précédent. Ces autorités conservent leur force et leur signification politique parce qu'elles conservent des chaînes de loyauté établies dans les termes de contrats sociaux antérieurs à l'avènement des États modernes africains, et que ces derniers ne sont pas parvenus à remplacer par le nouveau contrat social, faute remplir leur part – qu'ils ont déléguée aux autres acteurs non étatiques, ONG, Associations, Organisations d'aide au développement…

La troisième conséquence de cette construction d'États de hauts fonctionnaires, est plus politique. Elle consiste en la tendance très marquée à une « politisation » systématique des responsabilités administratives, même celles requérant davantage des savoir-faire techniques. Deux explications de ce phénomène proviennent directement des mécanismes décrits dans les paragraphes précédents : la consolidation de doctrines de politiques publiques prioritairement tournées vers la captation des financements et de l'aide au développement d'une part, et la multiplication des chaînes de loyauté, à la suite de l'émiettement du sentiment d'appartenance nationale d'autre part.

En premier lieu, l'orientation des politiques publiques vers la captation des financements et de l'aide au développement a nécessité pour les administrations des États africains de développer davantage des capacités et compétences liées à cet objectif, au détriment de compétences plus techniques, qui dans de très nombreux domaines étaient de toute façon déléguées aux partenaires techniques et financiers mobilisés. Plusieurs indicateurs permettent d'étayer ce postulat. Au cours de l'année académique 2016-2017 par exemple, le nombre d'étudiants inscrits en Économie appliquée à l'Université d'Abomey-Calavi (Bénin) était de 8231, soit 11% de tous les inscrits, contre seulement 2 (0,0%) inscrits en Climat, Eau et Développement des Milieux Tropicaux. 6874 (9,2% de la totalité des étudiants) étaient inscrits en Science politique, contre 1 seul (0,0%) inscrit en Réseau Informatique et Maintenance[84]. De même, les facultés de Droit, Commerce et Économie furent les premières crées à la Rand Afrikaans University (RAU) d'Afrique du Sud dès la création de l'institution en 1968, et bien avant les facultés de sciences de la santé, et du génie par exemple. Les principales recherches (ayant abouti à des tests de vaccins notamment) autour du paludisme sont conduites dans des laboratoires Suisse (Faculté de biologie et de médecine de l'Université de Lausane), américain (University of Central Florida, Orlando) ou Français (Institut Pasteur)…[85] Ainsi, pour caricaturer, la nécessité de capter les financements et l'aide au développement disponibles, a davantage orienté les États vers la formation d'administrateurs plus susceptible de tenir le discours et les attitudes adéquats que d'apporter efficacement les services publics nécessaires.

Cette situation a conduit en second lieu, à la multiplication des acteurs non étatiques engagés dans de nombreux chemins critiques par délégation, et à la demande d'encore moins de techniciens et d'encore plus de gestionnaires dans les administrations. En effet, le principal défi de la multiplication des chaînes de loyauté pour l'État, est devenu la nécessité de consolider le maximum possible de ces chaînes de loyauté afin de s'assurer un minimum de sentiment national nécessaire à la survie même de toute la structure. Les administrateurs deviennent à ce titre, davantage des *politiciens administratifs,* dont la principale fonction est d'assurer à l'État ce minimum vital de sentiment national. Ceci explique en grande partie, la popularité très tôt dans l'histoire des États africains nouvellement indépendants, des mécanismes de quotas (qu'ils soient ethniques, régionaux, ou religieux) au sein des administrations et des appareils d'État : la fonction des administrateurs étant davantage politique – celle de glaner la loyauté de leur ethnie ou religion d'appartenance, ou de leur région d'origine, au profit d'États ne disposant pas d'autres moyens de construire un sentiment national. Nous résumons dans le schéma ci-dessous, cette construction du sentiment national spécifique aux États de hauts fonctionnaires :

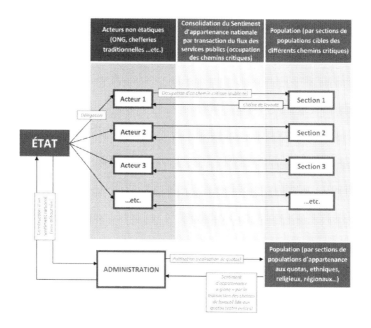

Schéma 1 : La construction du sentiment national dans des États de hauts fonctionnaires

Inversion de la chaîne de redevances et faible continuité de l'État

Dans le contexte et les conditions structurelles politiques et administratives décrites jusqu'ici, le dialogue entre les États modernes africains et leurs citoyens se trouve fondamentalement vicié. La structuration des politiques publiques autour de la captation des ressources pour déléguer l'occupation des chemins critiques à des acteurs non étatiques, crée d'un côté une inversion de la chaîne de redevances entre citoyens et États, et affaiblit d'un autre côté, les efforts d'instauration d'une continuité de l'État susceptible de conduire des changements structurels en profondeur et sur le temps long.

Une définition schématique que nous ferions du concept de chaîne de redevance dans le contexte des États modernes serait la suivante : le principe politique selon lequel les dirigeants d'un État seraient responsables en priorité devant leurs citoyens, des choix de politiques publiques qu'ils auront faits, et en tireront par extension le renouvellement de la confiance de ces derniers. Dans le contexte africain, la popularisation au milieu des années 1970, des mécanismes constitutionnels permettant aux parlements de voter des motions de censure à l'encontre des gouvernements, est l'une des expressions de ce concept. Les parlements composés de représentants du peuple, exercent ainsi le droit de ce dernier, de retirer sa confiance à un gouvernement dont il ne reconnaît plus la légitimité au regard de son action et des résultats qu'il a obtenus. Ainsi par exemple, dans le contexte de la lutte contre le terrorisme et l'extrémisme violent, 35 députés de l'opposition nigérienne, ont par exemple déposé une motion de censure en juin 2019, contre le gouvernement du premier ministre Brigi Rafini en raison de « l'inefficacité » de sa lutte contre le terrorisme. Le bon fonctionnement de ces mécanismes nécessiterait, au niveau politique, des chaînes de redevance saines, c'est-à-dire identifiant sans ambiguïté les instances ou composantes politiques devant lesquels les dirigeants sont effectivement responsables.

Or il apparaît évident que dans les structures d'États de hauts fonctionnaires décrites précédemment et communes à de nombreux États modernes africains, les gouvernements sont liés par des chaînes de redevance sinon inversées, du moins fortement ambigües, et ne reconnaissant pas dans tous les cas, la position des citoyens (ou de leur représentants) comment interlocuteurs privilégiés. D'un côté, l'orientation des politiques publiques vers la captation de ressources financières et techniques permettant d'implémenter des solutions à court terme, oblige les gouvernants à se sentir responsables en priorité devant les acteurs extérieurs pourvoyeurs de ces ressources, et à se conformer avant tout à leurs orientations stratégiques – sans jugement sur la valeur ou la pertinence de ces orientations. D'un autre côté, elle affaiblit le dialogue privilégié entre les gouvernants et leurs citoyens, et réduit par le fait même les leviers économiques et/ou juridiques dont ces derniers pourraient disposer pour faire pression et faire entendre leur voix.

Plusieurs mécanismes permettent de mettre en lumière ce dialogue vicié. Supposons par exemple que les recettes budgétaires d'un état x soient financées à 30% par l'aide budgétaire et à 70% par les autres sources, dont 60% provenant des impôts. En cas d'injonctions contraires venant des citoyens d'un côté (qui s'exprimeraient par exemple par des manifestations ou par l'activisme de la société civile) et de partenaires pourvoyeurs de cette aide budgétaire d'un autre côté, il est aisé de corréler l'intensité de la pression ressentie par le gouvernement au pourcentage du budget potentiellement en jeu. Sans oublier que l'État pourra toujours faire usage de la force publique contre des citoyens refusant délibérément de payer leurs impôts ou de se conformer aux lois de la République, que ce refus fasse partie d'un mouvement général de désobéissance, ou soit plus localisé dans un groupe de pression précis. Cela dit, il ne s'agit évidemment pas de chaînes de redevance mécaniques, et il y a ici encore, de nombreuses subtilités qui interdisent un jugement tranché[86]. Cependant le dialogue privilégié entre États et citoyens n'en est pas moins clairement vicié (nécessitant par exemple que des revendications légitimes des citoyens soient endossées par des acteurs internationaux pour pouvoir être entendues, ou que des abus de l'État, dénoncés et documentés par des populations touchées ne prennent de l'importance qu'une fois que des ONG internationales s'en seraient saisies…).

Dans ces conditions, la nécessité de continuité dans l'action de l'État est elle-même subordonnée à la disponibilité des ressources techniques et financières, et à la volonté de leurs pourvoyeurs de continuer à les allouer à tel ou tel autre objectif de politiques publiques. Les exemples abondent, de programmes pluriannuels entamés dans un pays africain avec le financement ou l'assistance technique d'un partenaire ou d'un autre, puis abandonnés avant échéance pour une raison ou pour une autre. La situation est telle que dans de nombreux pays du continent, la continuité de l'action de l'État sur plusieurs chemins critiques (éducation, santé, adduction d'eau potable, etc) est directement ou indirectement liée à la capacité des dirigeants à maintenir des équilibres politiques avec des partenaires techniques et financiers et autres acteurs non étatiques ou externes à l'État. Ceci représente, avec les autres éléments décrits précédemment, une faiblesse dans la structure même des États, dont la gravité est de nouveau mise à jour par la relative facilité avec laquelle les terrorismes en tirent profit pour créer des structures et des écosystèmes parallèles et – jusqu'à présent – viables à l'intérieur de la structure étatique.

Structure des terrorismes en contexte africain

Contrairement à une idée couramment reprise, les terrorismes ne constituent pas un fait récent sur le territoire et dans le contexte africain. L'histoire globale des deux grandes phases sémantiques du phénomène telles que décrites en introduction – terrorisme comme technique *neutre* de combat, puis comme type d'acteurs – concerne aussi le continent africain. Cette histoire se complexifie pourtant avec la résurgence des terrorismes en Afrique au début des années 2000. D'un côté, elle s'inscrit dans les deux moments sémantiques globaux, et d'un autre côté, elle emprunte deux ramifications différentes à l'intérieur du second moment sémantique.

Il devient donc nécessaire d'examiner et de distinguer ces deux grandes phases des terrorismes sur le continent en ce qu'elles ont de spécifique en matière de stratégies de légitimation, de méthodes de combat et de rhétoriques. Cette différenciation permet d'établir une cartographie mieux informée de la structure des terrorismes contemporains sur le continent africain. Elle s'appuie notamment sur leur héritage structurel pour définir les principales caractéristiques qui permettent de les appréhender dans toute leur envergure comme objet d'étude, et de décision stratégique.

Une autre histoire mondiale et continentale des terrorismes africains

La trajectoire des terrorismes sur le continent africain décrit une double linéarité qui la rattache parallèlement à l'histoire mondiale des terrorismes d'une part, et à des particularités plus spécifiques au continent, possédant certes des connexions avec les mouvements terroristes à travers le monde, mais selon des modalités différentes et moins évidentes. En premier lieu, l'histoire sémantique des terrorismes en Afrique démontre qu'ils sont résolument inscrits dans la trajectoire mondiale du phénomène. En second lieu, cette appartenance générale n'exclut pas pour autant une spécificité continentale dans l'évolution et l'expression des terrorismes. Cette *histoire africaine des terrorismes* se développe à partir de la décennie 1990-2000, comme un mouvement plus contemporain dont les modalités d'identification aux terrorismes mondiaux sont plus précises et plus subtiles. Elles permettent de définir deux générations de terrorismes sur le continent, au moins à partir de 2002, très distinctes par leurs ambitions, leur mode opératoire, et leurs capacités d'action.

Au regard de cette dernière trajectoire des terrorismes, plus spécifique au continent Africain, il est utile dans le cadre de cet ouvrage de classer les terrorismes d'avant 2001 dans une *préhistoire* qui, nous le verrons, se distancie résolument de l'histoire des terrorismes contemporains du continent. De même, ainsi que nous l'avons rappelé précédemment, cette *préhistoire* des terrorismes porte une forte dimension sémantique, liée a priori à l'évolution de la signification du mot *terrorisme* en lui-même[87]. Les conséquences d'un tel constat dans le contexte africain sont importantes et de trois ordres.

Premièrement, cela signifie que des groupes armés dont le discours et les objectifs politiques sont totalement légitimes par ailleurs, ont pu être labellisés « terroristes » sans qu'il s'agisse forcément d'un jugement moral sur leur action – c'est le cas, mais nous y revenons plus loin, des milices Maji-Maji de

Tanzanie (1905-1906) entre autres. Deuxièmement, cela implique aussi la possibilité d'une labellisation « terroriste » à visée politique, pour discréditer au plan politique, la lutte armée des groupes concernés. L'exemple le plus emblématique de ce procédé est celui de l'ANC (Congrès national africain) sud-africain, classé mouvement terroriste jusqu'en 1991 par le régime de l'apartheid, et jusqu'en 2008 par le gouvernement des États-Unis. Troisièmement, la labellisation « terroriste » ne peut pas être considérée comme objectivement valable puisqu'elle se fait le plus couramment au-travers de listes définies par les gouvernements intéressés (États-Unis, France, Égypte, Afrique du Sud, etc), sur la base à la fois de critères objectifs (la forme et mode opératoire du groupe, ses revendications) mais aussi subjectifs (le positionnement politique du groupe quant aux intérêts de l'État qui établit la liste, ou aux intérêts de ses alliés.)

Ces bases étant posées, la nécessité d'établir cette préhistoire sémantique des terrorismes africains relève davantage d'une utilité théorique et méthodologique. Ainsi, cette préhistoire reste nécessaire et valable pour comprendre la présence des nombreux mouvements armés et politiques africains dans l'histoire mondiale des terrorismes. De plus, elle offre les premières bases de l'analyse des structures des terrorismes sur le continent.

Préhistoire sémantique : ces « terroristes » qui luttaient contre le colonialisme

L'évolution sémantique des terrorismes mondiaux, telle que présentée en introduction de cet ouvrage, décrit schématiquement, une trajectoire scindée en deux parties. Chacune de ces parties est liée à la compréhension des terrorismes, soit comme méthode ou stratégie de combat et de revendication fondamentalement neutre avant le début des années 1990, soit comme type d'acteur de l'environnement sécuritaire à partir de l'implication du fait religieux comme principale source de légitimation des actions terroristes. Cette histoire sémantique en deux phases s'applique aussi globalement aux terrorismes dans le contexte africain.

L'existence de mouvements militants ou de groupes armés pratiquant des techniques de terrorisme pour porter leurs revendications est avérée au moins dès le début du moment colonial. Elle s'explique par le fait que la lutte armée empruntant les méthodes de terrorisme était la moins coûteuse pour plusieurs de ces groupes aux ressources technologiques et militaires limitées, qui ne leur auraient pas permis de mener des guerres de front contre les armées coloniales. L'un de ces mouvements militants, les Maji-Maji de Tanzanie, s'est illustré par des techniques d'assassinats ciblés, d'attaques sporadiques et de sabotages, contre l'armée coloniale allemande entre 1905 et 1906 en Afrique-Orientale Allemande[88].

La révolte des Maji-Maji tanzaniens qui a débuté dans les collines du Sud et de l'Ouest de Dar es-Salaam est très intéressante d'un point de vue théorique, pour comprendre la pratique des terrorismes dans leur première forme sémantique, en contexte africain. D'abord d'un point de vue stratégique, il s'agissait clairement nous l'avons dit, d'éviter l'escalade frontale avec les armées coloniales allemandes, tout en harcelant l'entité coloniale par les assassinats ciblés, et les sabotages… visant « les blancs » de façon relativement indéterminée (missionnaires, commerçants ou militaires). À ce type d'attaques s'ajoute ensuite, une revendication (l'effet publicité capital à la constitution des actions de terrorismes) qui s'est faite par le bouche à oreille d'une part au sein des populations locales en général, et par désignation aux colons, des chefs de tribus avec lesquels ils devront discuter pour répondre aux revendications du groupe. Enfin, il faut remarquer ici déjà, l'existence d'une dimension religieuse du mouvement. En effet, les Maji-Maji tiennent leur nom de l'eau sacrée « maji » dont ils s'aspergeaient dans leurs rituels pour se protéger des balles.

Au moins trois observations capitales sont à tirer de ce cas, et s'appliquent par ailleurs à beaucoup d'autres mouvements militants anticolonialistes ayant utilisé les terrorismes comme stratégie de combat. Premièrement, l'existence dans ces mouvements d'une dimension religieuse[89] (rituels religieux) remplit une fonction secondaire, en particulier la protection guerrière des militants, à la différence de la fonction centrale (légitimation et raison d'être des mouvements) de la dimension religieuse qui sera observée dans les mouvements de la deuxième phase sémantique des terrorismes. Deuxièmement, la légitimité des revendications de ces mouvements (anticolonialisme, lutte contre l'expropriation de leurs terres et de leurs ressources, etc) permet ici de mettre en relief le caractère fondamentalement neutre de la stratégie de combat utilisée (terrorisme). De fait, plus que des « terroristes » dans la signification contemporaine du terme (devenue négative avec la deuxième phase sémantique du phénomène), ces mouvements militants anticolonialistes sont considérés, à raison, comme des héros nationaux. Et troisièmement, lorsque dans plusieurs cas, la répression coloniale les amène à abandonner les méthodes de terrorismes et se trouver dans des guerres de front avec les armées coloniales, cela aboutit à la mort du mouvement en lui-même au bout de massacres[90].

Plusieurs mouvements militants entrent dans la caractérisation de cette première phase sémantique des terrorismes sur le continent africain. En 1961, l'ANC sud-africain forme une organisation miliaire, l'Umkhonto we Sizwe (Javelot de la Nation), dont le mode opératoire (attentats contre le régime de l'apartheid et ses symboles en particulier) relève de la classification sémantique de terrorismes. Plus tôt, entre 1904 et 1908, la révolte des Hereros et des Namas contre la colonisation allemande emprunte des méthodes similaires, avant de se transformer en bataille rangée face aux forces du général von Trotha, qui aboutit à leur massacre.

Si ces exemples ont tendance à introduire une compréhension plutôt positive que neutre des « terrorismes » de la première phase sémantique sur le continent africain, c'est essentiellement en raison du contexte historique dans lequel ils se placent. En effet, les premières décennies du XXème siècle sont marquées par les guerres d'invasion généralisées sur le continent africain, et l'installation des colonies issues du partage de la Conférence de Berlin de 1885. À plusieurs endroits du continent, les forces militaires des entités politiques présentes ont connu des défaites relativement rapides face à la supériorité technologique des armées coloniales. Ce contexte est devenu favorable à des stratégies de combat moins coûteuses, et plus efficaces puisqu'elles évitaient désormais les guerres de front qui s'étaient montrées meurtrières pour les militaires et les populations locales. Les terrorismes font partie de ces stratégies peu coûteuses, au même titre que les techniques de guérilla rurale qui seraient adoptées plus tardivement dans les guerres d'indépendance notamment en Angola, au Mozambique et en Guinée-Bissau. Mais ce dernier cas témoigne déjà de la transition vers la seconde phase sémantique, ou les terrorismes commencent à adopter une signification a priori négative.

Ainsi que nous l'avons indiqué précédemment, l'un des catalyseurs du changement sémantique des terrorismes au début des années 90, est l'implication de la légitimation religieuse comme raison d'être d'actions terroristes. Il ne faut cependant pas comprendre l'implication de la légitimation religieuse comme « l'arrivée » du fait religieux dans la sphère politique. En effet, sur le continent africain comme à de nombreux endroits du monde à travers l'histoire, le fait religieux a pour ainsi dire, toujours été présent dans la sphère du politique. De l'Empire chrétien d'Éthiopie, au Califat de Sokoto, le pouvoir temporel semble avoir été continuellement lié au pouvoir spirituel dans une alliance certes à géométrie variable, mais toujours bien réelle[91]. En revanche, ce n'est qu'à partir de la deuxième phase sémantique des terrorismes, que les doctrines et théories religieuses ont commencé à être utilisées dans l'ère moderne, comme principal argumentaire, source de légitimation et raison d'être d'actions terroristes. C'est donc au-demeurant, à la fonction qui lui est assignée au sein du dispositif terroriste, que se détermine le rôle du facteur religieux comme catalyseur du changement de phase sémantique des terrorismes. Dans le contexte africain, ce moment catalyseur se produit au cours de la première décennie après 1990.

Entrée dans la deuxième phase sémantique de l'histoire mondiale des terrorismes à partir de 1990

Dans le mouvement historique mondial des terrorismes décrit en deux phases sémantiques (terrorismes comme stratégie neutre de combat, puis comme type d'acteur), la décennie

1990-2000 est à plusieurs égards, celle de l'entrée des terrorismes africains dans la deuxième phase sémantique de leur histoire. Les deux principaux caractères de cette deuxième phase sémantique des terrorismes sont pour rappel, premièrement la transformation des terrorismes en type d'acteur de l'environnement sécuritaire entraînant une perception essentiellement négative du phénomène, et deuxièmement l'importance du facteur religieux comme raison d'être de mouvements terroristes, occupant une place centrale dans la justification politique de leur violence. Il reste malaisé de définir un point de départ historique précis pour les grandes tendances comme celle du changement sémantique des terrorismes, d'autant plus sur un continent aussi vaste et divers que l'Afrique. On peut toutefois considérer le début en 1991, de la Décennie Noire algérienne[92] comme marqueur temporel important de l'entrée des terrorismes du continent dans leur deuxième phase sémantique, ceci pour deux raisons.

La première raison est politique : la Décennie Noire algérienne a révélé l'ambition de l'Islam politique en Algérie, et a contribué à la reprise de confiance des islamismes, au moins jusque dans le Sahel. Pour bien comprendre ce phénomène, il est intéressant de se souvenir que l'idée de sécularisation des États africains est intrinsèquement liée au début du moment colonial européen sur le continent. En effet, la distribution du pouvoir politique, telle qu'elle prévalait dans les entités politiques précédant immédiatement l'arrivée des colons européens, donne une place importante à l'Islam, religion présente sur le continent de façon continue au moins depuis le IXème siècle à travers les principales routes commerciales entre autres. De même, ainsi que l'explique Ray Kea avec l'exemple de la Gold Coast (territoire couvrant l'actuel Ghana) à partir du XVIème siècle, l'absorption par les sociétés et les entités politiques locales, des influences extérieures – et en particulier de l'Islam – a souvent permis une cohabitation relativement pacifique des deux principaux ordres religieux : l'Islam, drainé par les routes commerciales, et les religions traditionnelles endogènes[93]. Il est facile de comprendre à cet égard, que d'une part l'arrivée des colons européens accompagnés de missionnaires qui tentaient d'instaurer une religion chrétienne (ou protestante) à la fois nouvelle et exclusive, représentait la rupture d'un ordre politique où l'Islam avait, pour ainsi dire, trouvé sa place ; et que d'autre part, à plusieurs endroits du continent, la révolte anticolonialiste ait souvent pris la forme de djihads lancés par des leaders politico-religieux[94]. Ainsi, le passage du moment colonial et la sécularisation des États modernes africains après la décolonisation pouvaient être vécus en partie comme un recul de l'Islam politique.

La deuxième raison, stratégique, concerne davantage la montée en puissance de groupes terroristes islamistes, dont l'action s'est considérablement étoffée à cette époque en raison des influences extérieures, et des nouvelles possibilités stratégiques qui leur sont ouvertes. À ce titre, l'activisme des terroristes algériens du Groupe salafiste pour la prédication et le combat (GSPC) – dont les actions violentes ont été les plus nombreuses et les plus meurtrières au cours de la Décennie Noire – semble avoir levé au moins deux verrous stratégiques et symboliques importants. Le premier de ces verrous était de considérer que l'État incarné par la force publique – essentiellement militaire en l'occurrence –, ne pouvait pas être « vaincu » par une force combattante intérieure et parallèle. Ce verrou a été levé grâce notamment à l'introduction d'une stratégie de harcèlement continuel des forces militaires par de petites unités combattantes relativement disparates, qui ne recherchent plus de victoire définitive, mais privilégient davantage de petites victoires temporaires permettant d'installer des zones d'instabilité sur le long terme, et propices à la mise en place des flux logistiques des terroristes, et d'autorités parallèles (nous y revenons plus loin dans cet ouvrage). Le second verrou était la loyauté supposée acquise des citoyens envers l'État, qui impliquait une collaboration systématique avec la force publique pour faire barrage à l'action des terroristes. Il a été lui aussi levé par la relative facilité éprouvée par le GSPC et plusieurs groupes terroristes après lui, d'utiliser les rhétoriques nationalistes, religieuses et ethniques comme argumentaires de recrutement. En effet, ces argumentaires recevaient un écho d'autant plus significatif qu'ils reposaient sur de véritables inégalités et frustrations susceptibles de pousser au passage à l'acte.

En dehors de l'Algérie, les premiers attentats terroristes de cette phase sont, entre autres, l'attaque contre le temple d'Hatchepsout qui a fait 62 morts en novembre 1997 à Louxor en Égypte, et qui a été revendiquée par les terroristes du groupe al-Jama'a al-Islamiyya (ou Gamaa al-Islamiya). Un autre attentat similaire a visé un hôtel du Caire en avril 1996, tuant 18 personnes. Mais c'est davantage au début des années 2000 que cette tendance se consolide sur le continent africain. Les attentats terroristes du 11 septembre 2001 contre les tours jumelles du World Trade Center à New York, y ont contribué de façon significative. En effet, l'opération militaire « Liberté immuable », lancée dès le 7 octobre 2001 par les États-Unis et plusieurs de leurs alliés – et plus largement la « guerre contre la terreur » du président américain de l'époque, George W. Bush – a considérablement affaibli la principale mouvance terroriste islamiste internationale d'alors, Al Qaïda, la poussant à adopter une stratégie de fuite permanente, abandonnant les principaux sanctuaires en Afghanistan pour disséminer des cellules relativement autonomes, capables de s'attaquer aux intérêts occidentaux partout dans le monde.

Sur le continent africain, cela s'est traduit par la création des premières « franchises » d'Al Qaïda. Ainsi en 2002, le GSPC algérien devient le noyau dur d'Al Qaïda au Maghreb Islamique. Les principales katiba (unités combattantes autonomes) du groupe, se répandent dans toute l'Afrique du Nord et dans le Sahel entre 2002 et 2007. De la Kasserine tunisienne jusqu'aux montagnes de l'Aïr au nord du Niger, la présence plusieurs katiba d'AQMI (Okba Ibn Nafaâ, Al Feth, Al Nour, Al Ansar, Al Wenchir, et Al Siddiq notamment, parmi les plus importantes) confirme déjà dès cette période, la présence de terrorismes africains modernes, connectés aux dynamiques mondiales. Cependant, même s'ils sont connectés au terrorisme mondial, les terrorismes du continent adoptent tout de même, à partir du début des années 2000, une trajectoire distincte liée aux spécificités tactiques adoptées par les organisations terroristes actives sur le continent.

À partir des années 2000 : la nécessité de catégoriser les spécifications tactiques des terrorismes africains

Le contexte structurel commun à la plupart des États modernes africains tel que décrit au chapitre précédent, et les sources de frustrations profondes qu'il génère et qu'il a permis d'entretenir plusieurs décennies après les indépendances, ont été les principaux facteurs favorisant un « enrichissement » pour ainsi dire, de la mouvance terroriste sur le continent. Ces sources de frustrations – essentiellement économiques et politiques, puis identitaires – proviennent en particulier de la perception ou non de l'occupation des chemins critiques par l'État, dans des contextes où, ainsi que nous l'avons décrit précédemment, cette perception induit la construction d'un sentiment national émietté[95].

Ceci introduit parfaitement à notre sens, la dynamique de spécialisation des terrorismes africains constatée à partir des années 2000. En effet, la multiplication aléatoire sur une base temporelle, des sources de frustrations dans un territoire donné, semble entraîner une multiplication exponentielle, du nombre de spécifications tactiques susceptibles d'être adoptées par un même groupe ou plusieurs groupes terroristes existants.

Cette hypothèse facilite une modélisation mathématique du concept, mais reste cependant relativement limitée face à la réalité empirique. En effet, le caractère aléatoire de l'augmentation du nombre des sources de frustrations est capital dans l'expression empirique des incidents. Il prend en compte des aléas a priori imprédictibles, qui peuvent changer la perception de l'action de l'État en direction des citoyens, et donc influencer l'augmentation ou la diminution des sources de frustration selon une multitude de facteurs (parmi lesquels on peut citer l'endroit géographique à l'intérieur de l'État où se trouvent le citoyen ou le groupe de citoyens considérés, leur appartenance ethnique ou religieuse, les grands moments historiques ou politiques que traverse la région, l'effet de l'influence des autorités politiques parallèles dans la construction de cette perception, etc). Ainsi, on peut en tirer la conclusion provisoire que, pour un État africain ou une région donnée où seraient actifs un ou plusieurs groupes terroristes, et pour une période donnée, la multiplication des spécificités tactiques adoptées par ces terrorismes est par essence aléatoire d'une part, et dans tous les cas exponentielle à la multiplication ou non des sources de frustration des citoyens, d'autre part.

Ces remarques préliminaires sont importantes d'abord parce qu'elles mettent en relief l'effet significatif de l'augmentation des sources de frustration générées par la perception d'une faible occupation de tel ou tel autre chemin critique par l'État, mais aussi parce qu'elles permettent de comprendre que la multiplication des spécificités tactiques des terrorismes africains ne décrit pas une évolution due au hasard, et peut être analysée en fonction des sources de frustration naissent entre autres de la perception de l'occupation par l'État des chemins critiques. L'on peut en conséquence suggérer une catégorisation des terrorismes africains suivant soit les marqueurs de ces sources de frustration, ou ceux de leurs spécificités tactiques.

La première méthode de catégorisation, en utilisant les sources de frustration comme marqueurs, nécessite une maîtrise exhaustive des sources de frustration spécifiques à chacune des régions affectées par l'activité des terrorismes à-travers le continent, depuis le début des années 2000. Plusieurs ouvrages seraient indispensables pour dresser un tel inventaire, et il changerait surtout les objectifs de celui-ci. En revanche, il apparaît utile et préférable ici, de s'intéresser à une catégorisation des terrorismes du continent en utilisant comme marqueurs, les diverses spécifications tactiques qu'ils ont pu adopter depuis le début des années 2000. Cette méthode permet d'une part de rester attaché à notre objet d'analyse tout en permettant d'autre part, une catégorisation pertinente puisque, ainsi que nous l'avons démontré précédemment, les spécifications tactiques adoptées par les terrorismes suivent et demeurent liées aux sources de frustrations apparues dans les territoires affectées, au fil des années.

En suivant cette méthode, nous parvenons à une catégorisation en deux générations, des terrorismes africains à partir du début des années 2000 soit, nous l'avons dit, dans la seconde phase sémantique du phénomène à l'échelle mondiale. Ces deux générations suivent des spécifications tactiques distinctes.

Les deux générations des terrorismes africains après le début des années 2000

Les premières années du troisième millénaire, ont connu la naissance et l'émergence de formes de terrorismes spécifiques sur le continent africain. Ces mouvements s'installent dans un contexte d'émergence de nationalismes dans certains pays soumis à une influence extérieure perçue comme inacceptable (c'est le cas de la Somalie de 2006 au début de l'intervention militaire éthiopienne)[96], ou davantage dans un contexte de renforcement de la demande de la religion comme troisième voie, face à l'échec de certains États à assurer la paix sociale, la justice et le développement dans des régions entières (c'est le cas de plusieurs régions des États nigérians de Borno, Adamawa, Yobe, Katsina, Kano, Sokoto, Bauchi entre autres, depuis la fin des années 1990)[97]. Dans tous les cas, l'évolution des contextes, la réponse des États, et les changements dans le positionnement général des populations locales, le tout s'exprimant par les fluctuations aléatoires des sources de frustration telles que décrites précédemment, ont abouti à l'adoption par les terrorismes, de spécifications tactiques qui permettent de les regrouper en deux générations distinctes, qu'il est possible de situer sur une base temporelle allant de 2002 à 2020, au moment de la rédaction de cet ouvrage.

La première génération que nous qualifierons de *survivaliste* commence en 2002, au début de la seconde vie du GSPC

104

(Groupe salafiste pour la prédication et le combat) algérien, devenu noyau dur d'AQMI (Al-Qaïda au Maghreb islamique). À cette génération succèdera à partir de 2011, une deuxième génération *expansionniste,* dont le point de départ sera (schématiquement) l'entrée du groupe extrémiste islamiste nigérian Boko Haram dans sa phase terroriste, à partir de la prise de leadership d'Abubakar Shekau.

Le contexte de l'émergence de la génération *survivaliste* des terrorismes africains, est étroitement lié aux organisations revendicatrices ou insurrectionnelles historiques de la fin des années 1990 à travers le continent d'une part, et à la « guerre contre la terreur » d'autre part à l'échelle mondiale, qui a poussé le groupe terroriste Al Qaïda à se disperser dans une logique de survie. Deux caractères essentiels ressortent de l'analyse de cette première génération des terrorismes africains du début des années 2000. Premièrement ils sont relativement peu nombreux à l'échelle du continent et en comparaison à la seconde génération, et deuxièmement ils relèvent tous d'un phénomène de « seconde vie » de groupes insurrectionnels préexistants, facilité par le contexte géopolitique continental et mondial.

L'importance de ce phénomène de « seconde vie » est capitale pour comprendre les choix structurels et tactiques (les formes) des terrorismes de cette première génération. Au début des années 2000, le contexte géopolitique africain est celui de la résolution plus ou moins définitive des guerres meurtrières de la fin des années 1990 (Soudan, République démocratique du Congo, Sierra Leone, Burundi, Liberia, Somalie, Algérie…). Ces résolutions des conflits se font, dans plusieurs cas, non-seulement selon des termes qui n'apparaissaient pas favorables à certains belligérants constitués en groupes armés insurrectionnels, mais en plus qui semblent menacer désormais leur existence même, en créant une forte marginalisation de leurs revendications et ambitions politiques. Les deux exemples les plus emblématiques sont ceux du GSPC algérien, et des Al-Shabaab, alors branche armée de l'Union des Tribunaux Islamiques somaliens.

Pour ces groupes armés en situation de mort programmée, le contexte mondial de « guerre contre la terreur » lancée à la fin de l'année 2001 se présente comme la chance d'une seconde vie à au moins deux égards. D'un côté, l'affaiblissement d'Al Qaïda dans ses principaux sanctuaires, poussait le groupe terroriste à se disperser pour survivre, ce qui lui nécessitait des partenaires locaux bien implantés dans diverses régions du monde. D'un autre côté, ces éventuels partenaires locaux pouvaient bénéficier en retour, des ressources – financement, et entraînement notamment – d'un groupe terroriste mondial dont la logique était désormais d'internationaliser sa guerre contre les intérêts américains et ceux de leurs alliés. La transformation évoquée plus haut, du GSPC en noyau dur d'AQMI, entre dans cette logique de partenariat, tout comme l'expérience et les entraînements dont les combattants d'Al-Shabaab ont bénéficié au moins dès 2006, de la part de combattants d'Al Qaïda venus, notamment du Yémen et d'autres pays d'Afrique de l'Est, chercher refuge dans une Somalie peu stable et en guerre[98].

Enfin, il est intéressant de relever l'utilité d'une compatibilité idéologique entre les revendications des terrorismes de la première génération et l'islamisme politique, comme facteur important de leur dynamique de survie. Elle procède du fait évident qu'Al-Qaïda aura recherché avant tout des partenaires locaux dont l'idéologie est relativement proche de la sienne : la protection d'une communauté islamique régie par la Charia et dont la charpente institutionnelle devrait être celle d'un État islamique – un Califat. Ceci explique premièrement pourquoi les terrorismes africains empruntent dès la première génération une trajectoire islamiste quasi exclusive, et deuxièmement pourquoi les autres groupes armés insurrectionnels qui n'étaient pas idéologiquement proches de l'islamisme, n'ont pas connu de trajectoire similaire leur permettant une seconde vie sous la forme de terrorismes, après leurs luttes premières[99]. Par ailleurs, cette génération survivaliste ne tarderait pas à adopter des formes plus tournées vers l'expansion, territoriale et idéologique.

C'est au moins à partir de 2011 que les terrorismes africains entrent dans la deuxième génération que nous avons qualifiée plus haut d'expansionniste. Les catalyseurs de cette mutation sont multiples et s'inscrivent ici aussi, dans un contexte interne aux pays et régions concernés, fortement influencé par les changements en cours sur le continent et dans le monde. L'arrivée du chef terroriste Abubakar Shekau à la tête du groupe nigérian Boko Haram est l'un des symboles les plus importants de l'évolution des contextes internes aux pays et régions affectés par les terrorismes de la première génération. Devant une nouvelle montée en puissance de plus en plus menaçante, et l'augmentation des actions violentes entre le début des années 2000 et 2011, plusieurs pays – c'est le cas du Nigéria, de l'Algérie, du Tchad, de la Somalie ou du Cameroun – ont renforcé leur réponse militaire, face à ce qui était perçu à juste titre comme un risque de déstabilisation profonde de l'État. Au Nigeria, cette réponse militaire a entraîné entre 2004 et 2009, la mort de près de 700 présumés militants de Boko Haram[100] avec pour point culminant la capture et la mort en 2009, du chef du groupe, Mohamed Yusuf.

Les contextes africain et mondial ont eux aussi eu une influence significative sur l'émergence des terrorismes de la deuxième génération et sur l'évolution de mouvements terroristes désormais relativement interconnectés. Sur le continent, au moins deux événements auront un effet important, dans des registres différents, sur le renforcement de la logique expansionniste de ces terrorismes de la deuxième génération. Le premier, la chute et la mort en octobre 2011 du dirigeant libyen Muammar Kadhafi, a ouvert de nouvelles possibilités d'accès à un arsenal militaire mal contrôlé dans un vaste pays devenu instable[101]. Quant aux seconds, la guerre civile malienne qui débute en 2012, combinée à la chute du dirigeant burkinabè Blaise Compaoré en 2014 ; ils ont facilité l'ouverture de flux de ravitaillement passant par un Sahel devenu instable et capable désormais, d'alimenter les terrorismes, de Tripoli (Libye) jusqu'au Cabo Delgado (Mozambique).

À la Libye, au Mali et au Burkina Faso devenus instables, s'ajoutent les situations d'instabilité ou de faible contrôle de l'État issus des guerres des années 1990-2000 (la République démocratique du Congo, la République Centrafricaine, le Soudan et le nouvel État du Soudan du Sud entre autres…). Il en résulte donc que cette génération expansionniste des terrorismes africains bénéficie d'un contexte géopolitique africain unique : à partir de 2011, les « zones grises » du continent – ces régions entières passées de fait, hors du contrôle des États – sont interconnectées et permettent théoriquement une traversée du continent africain nord au sud, en dehors de tout contrôle et sans blocage sécuritaire significatif. Cette « interconnexion des zones grises » est représentée par la carte ci-dessous, extraite de l'ATLAS Géopolitique Africain publié en avril 2020 par Stake experts.

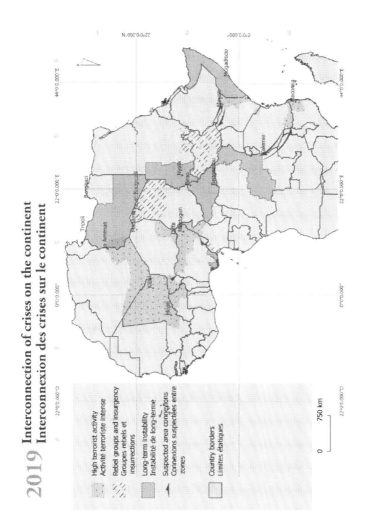

Carte 2 : Interconnexion des zones grises sur le continent africain[102]

Ce contexte géopolitique unique ne renforce pas seulement les ambitions des terrorismes sur le continent. Il attire aussi les terrorismes mondiaux marqués par la montée en puissance entre 2010 et 2014, d'un groupe d'un genre nouveau : l'État Islamique (EI). La particularité de l'État Islamique alors, est qu'il « possède » un territoire[103] et que, entre 2014 et 2015, il crée des « provinces » à travers le Moyen-Orient et sur le continent africain[104], en exploitant le mécanisme des allégeances, déjà éprouvé par Al Qaïda avec les terrorismes de la première génération[105]. Le schéma ci-dessous décrit cette évolution Africaine et mondiale des terrorismes en deux mouvements sémantiques et deux générations africaines.

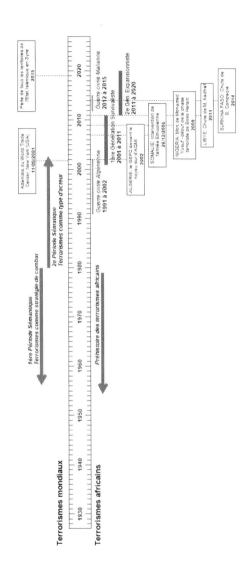

Schéma 2 : Évolution des terrorismes mondiaux et africains : Deux mouvements sémantiques et deux générations africaines

La première génération des terrorismes africains emprunte donc, au demeurant, une trajectoire centrée sur la survie alors que la deuxième génération, plus composite et comportant un plus grand nombre de groupes terroristes, est plus ambitieuse dans ses choix en matière de structuration et de stratégie.

Encadré 2 : Génération survivaliste : Les deux naissances de Boko Haram

La distinction de l'histoire des terrorismes africains contemporains en deux générations, semble s'appliquer largement et sur une base chronologique sensiblement similaire, à la grande majorité des groupes terroristes du continent. Le groupe terroriste nigérian Jama'atu Ahlis Sunna Lidda'awati wal-Jihad (Boko Haram) présente cependant une particularité qui laisse envisager une *double naissance,* et un timing relativement décalé.

De sa première naissance en 2002 jusqu'à la mort du fondateur Mohammed Yusuf en 2009, Boko Haram présente les caractéristiques d'une secte syncrétique très locale, relativement coupée de la génération survivaliste des terrorismes en cours sur le reste du continent. D'abord, il n'existe pas de preuve de contacts entre les partisans de Mohammed Yusuf et la mouvance pro-Al-Qaïda qui s'étend déjà au nord du continent avec le GSPC-AQMI, et au sud-est avec Al-Shabaab (dont les liens avec l'AQAP – Al-Qaïda dans la Péninsule arabique – au Yémen sont déjà avérés à cette époque). Ensuite, dans cette première période les tactiques du groupe sont celles d'une révolte peu sophistiquée – et parfois non armée – contre une administration qu'il estime corrompue et une mauvaise redistribution de la richesse. C'est l'une des raisons pour

---

lesquelles ses actions violentes à cette époque ciblent presque exclusivement des représentants de l'État et de la force publique (armée, forces de police locales…). Enfin, en dehors des revendications sociales, Mohammed Yusuf et ses partisans n'expriment aucune idéologie cohérente, ni aucun « projet politique » à l'appui de leur activisme.

C'est en 2010, après la prise de leadership d'Abubakar Shekau, que Boko Haram entre dans la phase terroriste de son histoire. Cette deuxième naissance est alimentée par un grief principal, et présente les caractéristiques de la première génération survivaliste des terrorismes en cours depuis une décennie sur le continent. La réponse militaire brutale contre la secte pendant les années 2002-2009 a été le principal instrument de radicalisation de Boko Haram et a joué un rôle capital dans l'entrée de la secte dans sa phase terroriste. Ainsi que l'indique A. Shekau lui-même dans l'une de ses toutes premières vidéos en 2010, sa première ambition est de « venger » la mort de son mentor Mohammed Yusuf et « des martyrs » de leur mouvement. À partir d'ici les contacts et les connexions se multiplient entre Boko Haram et les terrorismes du continent et du monde. Même si Al Qaïda refuse par deux fois (au moins) l'allégeance d'Abubakar Shekau, dont le groupe n'est pas considéré comme purement musulman puisqu'il utilise des gris-gris et exprime un mélange syncrétique d'animisme et d'Islam (commun du reste, à la pratique musulmane d'une partie de l'Afrique de l'Ouest), il est fort possible que des liens aient été tissés avec AQMI[106], dans une dynamique de « seconde vie » qui a cours jusqu'en 2014.

Entre 2014 et 2015, Boko Haram commence sa phase expansionniste, en décalage de quelques années ici aussi avec la génération expansionniste du reste des terrorismes du continent. Deux indicateurs témoignent de l'entrée du groupe terroriste dans cette deuxième phase. En premier lieu, faute d'une allégeance acceptée, Abubakar Shekau publie une vidéo le 13 juillet 2014, où il apporte son soutien aux principales figures terroristes du monde : Abou Bakr al-Baghdadi, calife de l'État islamique, Ayman al-Zaouahiri, émir d'Al-Qaïda et le Mollah Omar, chef des talibans[107] ; puis il déclare presque dans la foulée (en janvier 2015), son ambition de recréer le Califat musulman de Sokoto dans ses frontières de 1850, à son apogée. En second lieu, c'est cette même année 2015 que naît l'ISWAP (Wilayat Gharb Ifriqiyah, État islamique en Afrique de l'Ouest) de l'allégeance d'une faction de Boko Haram à Abou Bakr al-Baghdadi d'une part, et que les premiers contacts « opérationnels » sont attestés d'autre part entre AQMI et Ansaru, une autre faction de Boko Haram.

Des caractéristiques structurelles et stratégiques distinctes entre les deux générations

Les spécifications structurelles et stratégiques des terrorismes africains de la première et de la deuxième génération se situent à divers niveaux, et profitent lorsque cela est possible, des faiblesses structurelles communes à plusieurs États du continent. Ainsi sur le plan des structures, les deux générations se démarquent à la fois dans leurs discours et objectifs politiques revendiqués, et dans leur structure opérationnelle ; tandis que d'un point de vue stratégique, les tactiques utilisées dans les attaques et le choix des cibles, présentent des

114

particularités qu'il est utile de relever et de différencier. Mais avant, il est nécessaire de ne pas perdre de vue le facteur principal de la création d'une *particularité africaine* des terrorismes et de l'extrémisme violent : la superposition des territoires. L'influence de cette caractéristique structurelle – décrite au chapitre précédent – commune à la plupart des États modernes africains, sur les terrorismes africains peut s'évaluer à au moins deux niveaux.

Premièrement, au niveau social, l'existence d'autorités politiques parallèles ou superposées facilite l'ancrage social et la construction d'une forme de légitimité de fait, des mouvements terroristes dans plusieurs régions où ils sont implantés. En effet, non seulement les citoyens sont pour ainsi dire habitués à des États dont l'autorité politique n'est pas exclusive, mais surtout les bases de la légitimation des autres autorités superposées sont souvent très diverses – l'appartenance ethnique, les frontières d'un ancien royaume, la chefferie religieuse, l'autorité clanique ou familiale… – et dans tous les cas, rarement définies d'une façon claire et exhaustive. Dans ce contexte, la revendication ou l'imposition d'une forme d'autorité par un nouvel acteur, en l'occurrence des mouvements terroristes, devient relativement facile puisqu'il leur est loisible de créer une source de légitimation, appuyée ou non par des actions sociales, et permettant de glaner un peu de loyauté de la part des populations locales, du moment que celles-ci valident cette source de légitimation. Dans de nombreux cas, cette source de légitimation a été la défense des populations contre un État prédateur (légitimation utilisée par Boko Haram dans les premières années de son implantation), ou contre un « envahisseur » étranger (légitimation d'Al Shabaab en référence à l'intervention de l'Éthiopie en 2007). Quoi qu'il en soit, cette légitimation locale – même partielle et

115

contestée – remplit deux fonctions vitales pour les terrorismes du continent. D'une part elle leur assure un ancrage social et la loyauté d'une partie des populations locales ; et d'autre part, elle leur permet de prélever des ressources (combattants, taxes illégales, contrôle des transactions commerciales locales…) afin d'assurer une partie de leur financement.

Deuxièmement, au niveau politique, la superposition devenue naturelle de plusieurs ordres, favorise un allègement considérable de l'importance de l'État en tant qu'entité centrale, proche des réalités politiques locales (antagonismes ou alliances ethniques, luttes internes pour le pouvoir ou le contrôle des ressources…) et détentrice légitime et exclusive du pouvoir de justice et d'administration sur celles-ci. La principale conséquence est la quasi-impossibilité de fait, pour ces États, de désigner un ennemi commun unanimement perçu comme tel sur l'ensemble de leur territoire. Plus fréquemment, l'unité du discours politique face aux terrorismes, est polluée par une perception locale différente du *nous* et du *eux* à l'intérieur d'un même État. Au-delà des clivages communautaires ou religieux, c'est l'État lui-même, manifesté par l'administration et la force publique (*eux*) qui est de plus en plus considéré en opposition aux populations locales (*nous*). L'utilisation abusive de la force publique, l'ineffectivité, la lenteur ou la corruption de la justice représentent les principaux facteurs qui facilitent cette perception viciée du *nous* et du *eux*. Ils constituent, comme nous l'analysons en détail dans la deuxième partie de cet ouvrage, autant de brèches dans le sentiment national et la perception des terroristes comme des ennemis communs.

Nous pouvons tirer une considération générale, au demeurant, des effets ainsi décrits de la superposition des territoires, sur les terrorismes africains : la violence terroriste sur le continent africain apparaît avant tout comme un fait politique intérieur. C'est la particularité africaine des terrorismes et de l'extrémisme violent. Dans plusieurs régions du monde, la violence terroriste et/ou sa légitimation viennent largement d'ailleurs. En Europe occidentale et en Amérique du Nord en particulier, cet ailleurs s'exprime soit sur le plan géographique (c'est le cas typique des cellules qui planifient et/ou exécutent un acte de terrorisme depuis l'extérieur du territoire du pays visé)[108], ou sur un plan idéologique (même si l'acte de terrorisme est planifié et exécuté par un citoyen ou une cellule présente sur le territoire du pays visé, sa légitimation provient alors de la politique extérieure de ce pays, ou de ses engagements à l'étranger)[109]. Dans plusieurs pays du Moyen-Orient, cet *ailleurs* est davantage politique puisqu'il s'exprime par la confrontation entre deux ordres politiques dont l'un est perçu comme pro-occidental ou imposé par les puissances occidentales, et présenté de fait, comme une invasion[110]. Les terrorismes africains empruntent parfois un peu de chacun de ces éléments d'extériorité, mais ils présentent avant tout la particularité presque unique, dans notre époque, de posséder une dimension de politique intérieure centrale et quasi exclusive[111].

Il ne s'agit pas, bien entendu, de nier l'influence des mouvements terroristes mondiaux sur l'histoire et l'évolution des terrorismes africains. Ainsi que nous l'avons décrit plus haut, autant la première génération survivaliste que la deuxième expansionniste, empruntent largement à des mouvements en cours en dehors du continent, et se renforcent avec leur apport. En revanche les terrorismes africains semblent les seuls à se développer sur des structures étatiques qui agissent sans le vouloir, comme des engrais, offrant dans l'espace politique intérieur ou sous-régional tout au plus, à la fois les sources de légitimation, les voies d'accès aux ressources, les cibles et espaces de confrontation, ainsi que les structures opérationnelles appropriées. Ceci entraîne une structuration et des stratégies spécifiques sensiblement différentes d'une génération à l'autre, mais qui dans les deux cas, tirent profit des facilités que leur offrent les structures des États où les groupes terroristes sont implantés.

Génération survivaliste : Un discours politique et une structure opérationnelle opportunistes

Deux volets indissociables sont à prendre en compte lorsque l'on étudie la structure des terrorismes africains après les années 2000. Le premier est la structuration du discours et des objectifs politiques revendiqués, et le second, la structure opérationnelle des cellules terroristes sur les territoires où celles-ci sont actives. L'influence réciproque entre ces deux éléments produit un schéma structurel spécifique propre à chacune des deux générations des terrorismes du continent, utile pour comprendre leur vitalité dans le contexte des États modernes africains d'une part, et les faiblesses consubstantielles qui font de leur existence un défi permanent d'équilibriste d'autre part.

- Double conditionnalité du discours et des objectifs politiques pour un partenariat opportuniste avec Al Qaïda

Le discours et les objectifs politiques de la première génération survivaliste, sont le plus souvent hérités de l'histoire militante antérieure des mouvements terroristes qui la composent, et restructurée par une adhésion idéologique « opportuniste » à l'ambition politique d'Al Qaïda notamment. Ainsi que nous l'avons décrit précédemment, cette génération se compose essentiellement d'anciennes insurrections de la fin des années 90, qui ont trouvé l'opportunité d'une « seconde vie », dans la dispersion d'Al-Qaïda après 2001, et sa recherche de partenaires partout sur le continent – et dans le monde – pour assurer sa propre survie.

Il est important d'insister sur le caractère avant tout opportuniste des objectifs politiques de cette première génération des terrorismes africains, en ce qu'il est intrinsèquement lié en premier lieu à la dispersion d'Al Qaïda, et en second lieu à sa recherche active de partenariats hors de son territoire habituel d'action, pour assurer sa survie. En effet, Al Qaïda affirme son ambition de s'allier à d'autres organisations partout dans le monde pour s'attaquer aux intérêts américains et alliés dès 1992, à-travers notamment une fatwa[112] de son ancien chef, Oussama Ben Laden. Et d'ailleurs les attentats à la bombe contre les ambassades des États-Unis au Kenya et en Tanzanie en 1998 témoignent bien de cette orientation stratégique. Cependant l'appel d'O. Ben Laden n'a pas conduit à des alliances opérationnelles pérennes sur le continent africain avant la période de 2002 à 2006, où elles sont devenues des impératifs de survie pour Al Qaïda, et une opportunité de résurgence pour les anciennes insurrections mourantes sur le continent[113].

Dans ce contexte, la structure du discours politique de la génération survivaliste semble remplir une double condition pour apparaître d'un égal intérêt pour Al Qaïda et pour ses nouveaux partenaires africains. Premièrement, il renouvelle la base de la légitimité des terrorismes de la génération survivaliste en réaffirmant leurs revendications politiques premières, et deuxièmement, il affirme une compatibilité idéologique avec l'islamisme d'Al Qaïda, qui permet de justifier un partenariat. Ces deux conditions de la structure du discours politique des terrorismes de la première génération se lisent clairement dans les principales mutations du GSPC algérien et du groupe Al Shabaab somalien notamment.

En changeant de nom pour devenir AQMI (Al Qaïda au Maghreb Islamique) en 2002, le GSPC embrasse la dimension régionale qu'Al Qaïda veut donner à sa lutte contre les intérêts américains et alliés dans la région. Il devient le noyau dur d'une ambition politique de dissémination de la menace, propre à Al Qaïda, et qui a notamment conduit à la création de ses principales franchises en Afrique et au Moyen-Orient. Toutefois, cette adhésion aux ambitions d'Al Qaïda ne semble pas avoir occulté l'orientation du GSPC (devenu AQMI) dans la vie politique algérienne en particulier, puisqu'il a semblé suivre principalement un agenda algérien entre 2002 et 2010, avec notamment des attaques concentrées sur (ou planifiées depuis) le sol algérien, et une faible expansion en Afrique du Nord. L'évolution des ambitions politiques d'Al Shabaab suit elle aussi une dualité similaire à partir de 2006 au moins, et de ses premiers contacts opérationnels attestés avec l'AQAP (Al Qaïda sur la péninsule arabique). Le contexte n'est évidemment pas le même que celui de l'Algérie. En revanche le nationalisme islamiste somalien affirmé par l'insurrection d'Al Shabaab contre le gouvernement fédéral de transition (TFG) mis en place en 2004 (avec le soutien de l'armée éthiopienne perçue alors comme force d'invasion), est ici aussi restructuré pour embrasser l'agenda régional insufflé par Al Qaïda.

Cette double condition du discours et des ambitions politiques nécessaire à l'émergence des terrorismes de la première génération entraîne dans tous les cas, des conséquences sur leur structure opérationnelle.

Encadré 3 : Exemples de l'absence de la double conditionnalité du discours politique

Une faible proportion de groupes insurrectionnels de la fin des années 90 remplit cette double condition du discours politique, nécessaire pour un partenariat local avec Al Qaïda. Cette remarque est d'autant plus importante que la première génération survivaliste des terrorismes africains semble naître exclusivement de la nouvelle trajectoire imprimée par ce partenariat. Ainsi, en dehors de l'exemple du GSPC-AQMI et d'Al Shabaab – et de l'exemple tardif de Boko Haram que nous avons relevé plus haut – les autres groupes insurrectionnels ou rebelles de la fin des années 90 suivent de fait, une trajectoire différente. Ils partagent au moins trois caractéristiques communes : d'abord leur expansion territoriale reste limitée à leur première aire d'activité, ensuite leur accès aux ressources et leur renouvellement par le recrutement de nouveaux combattants est plus limité, et enfin ils se transforment progressivement soit en sources d'insécurité résiduelle, ou en partis politiques au profit d'accords avec les autorités des pays dans lesquels ils sont actifs, ce qui représente du reste, une évolution typique des mouvements rebelles en fin de vie.

Nous avons évoqué plusieurs exemples de cette trajectoire plus haut (le MEND – Mouvement pour l'émancipation du Delta du Niger – au Nigéria ; le FLEC – Front de Libération de l'État de Cabinda – en Angola ; ou encore le FNL – Front National de Libération – au Burundi). Ces exemples démontrent d'une part la nécessité ressentie d'une seconde

---

vie, pour les mouvements insurrectionnels de la fin des années 90, et d'autre part la double conditionnalité du discours politique, à laquelle l'accès à cette possibilité était soumis.

- Conséquences du partenariat Al Qaïda sur les structures opérationnelles de la première génération des terrorismes africains

Les structures opérationnelles de la première génération survivaliste des terrorismes africains sont progressivement influencées par les modalités de leurs contacts avec Al Qaïda à partir des années 2000. En effet, il apparaît que les termes de l'échange entre les deux acteurs sont dominés par une interdépendance opérationnelle de fait. D'un côté les terrorismes africains de la première génération éprouvent un besoin important d'armement et d'entraînement qu'Al Qaïda est en mesure de leur fournir, lui qui a besoin d'un autre côté, de bases opérationnelles de plus en plus dissimulées pour poursuivre sa guerre contre les intérêts américains et alliés.

Il est intéressant de noter à ce titre, que les cellules opérationnelles des terrorismes de la première génération adoptent une structure fortement influencée par cette doctrine de dissimulation par la dissémination adoptée par Al Qaïda dans le contexte de guerre américaine contre la terreur. Dès le début des années 2000 − et en particulier dès 2002 pour le GSPC-AQMI et vers 2006 pour Al Shabaab − les cellules de base des principaux partenaires continentaux d'Al Qaïda passent d'une structure en groupes de combattants de taille moyenne (20 à 40 personnels) concentrés dans un espace géographique continu relativement restreint, à une structure en unités beaucoup plus petites (moins de 10 personnels) et beaucoup plus répandues sur de vastes territoires, sans apparente continuité. Cette mutation dans les structures apparaît du reste, parfaitement cohérente avec l'évolution des tactiques observées dans la même période – sur laquelle nous revenons en détail plus loin – et qui témoigne des apports significatifs d'Al Qaïda en matière d'entraînement, et d'armement.

Les premiers faisceaux d'indices cohérents avec l'hypothèse d'un entraînement régulier fourni par Al Qaïda à des combattants somaliens d'Al Shabaab apparaissent vers 2006. Même si le groupe s'est montré relativement réticent à une prise de leadership supérieur dans ses rangs par des personnels non somaliens, il semble avoir massivement tiré profit de l'entraînement apporté par des membres d'Al Qaïda. Il en est de même pour le GSPC algérien dont la mutation en noyau dur d'AQMI témoigne par ailleurs de l'exercice d'un leadership sous le contrôle plus direct d'Al Qaïda. Cette omniprésence de l'influence d'Al Qaïda dans la structure opérationnelle apparaît dans tous les cas, comme une caractéristique spécifique aux terrorismes de la première génération, puisque la génération expansionniste de distingue précisément par une multiplication des partenaires et une plus grande indépendance politique et structurelle.

Indépendance politique et structurelle de la génération expansionniste : l'effet de la multiplication des partenaires

La multiplication des groupes et factions terroristes sur le continent africain à partir de 2011 est l'un des principaux indicateurs d'une plus forte indépendance politique et structurelle des terrorismes de la deuxième génération. En effet, le contexte de la naissance de cette génération expansionniste, tel que décrit plus haut, s'accompagne des disputes stratégiques au sein d'Al Qaïda qui ont entre autres facteurs, conduit à la naissance de l'État Islamique en Syrie et au Levant (devenu plus simplement État Islamique, EI) puis la rupture complète en 2014, de tous liens entre les deux organisations[114]. Cette rupture a entraîné des conséquences intéressantes sur les partenariats africains d'Al Qaïda, et sur les futures allégeances de terrorismes africains à l'EI.

La première conséquence et la plus importante, est une plus grande indépendance du discours et des ambitions politiques des terrorismes de la deuxième génération. Elle tient à deux éléments : d'un côté, la naissance de l'État Islamique crée une alternative plus souple à Al Qaïda en matière de partenariat – pour l'entraînement et le financement notamment – puisque le leadership de l'EI semble moins regardant sur la rectitude idéologique de ses partenaires[115] ; et d'un autre côté, les grandes crises continentales plus ou moins nouvelles (la guerre civile au Mali et en Libye, la profonde recomposition du paysage politique du Burkina Faso après la chute de l'ancien président B. Compaoré, l'instabilité constante au Soudan…), donnent la possibilité à de nombreux acteurs d'exprimer leurs propres agendas politiques, et d'essayer de les imposer lorsque cela était possible.

La seconde conséquence est une influence moins importante des terrorismes mondiaux (Al Qaïda et l'EI) sur les structures opérationnelles des terrorismes de la deuxième génération. Ce phénomène s'explique par la dynamique horizontale de coopération/compétition entre les groupes terroristes du continent, devenue progressivement plus importante et plus productrice d'effets sur le plan opérationnel, alors qu'elle était strictement verticale (d'Al Qaïda à ses affiliés locaux) pour la première génération. En effet, le grand nombre de groupes terroristes dans la deuxième génération expansionniste favorise un fonctionnement en réseau plus ou moins interconnecté, créant ainsi un affaiblissement de la logique verticale en faveur d'une dynamique plus horizontale de coopération ou de compétition entre acteurs.

Les effets de ce changement dans la structure opérationnelle des groupes terroristes de la deuxième génération sont nombreux. La multiplication des acteurs favorise en effet une multiplication des connexions horizontales entre ceux-ci, permettant notamment l'existence et la viabilité de cellules plus petites (moins de 10 personnels), répandues sur un territoire plus vaste et relativement discontinu, et alimentées par dynamiques horizontales de coopération/compétition entre acteurs. Une illustration de ces dynamiques horizontales se trouve en particulier dans l'accès à l'armement. Ainsi, au cours d'une enquête de la Mission onusienne de maintien de la paix au Mali (Minusma) à la suite de l'attaque du groupe terroriste Al-Mourabitoune (affilié à Al Qaïda) contre une résidence de l'ONU à Sévaré le 7 août 2015, il a été établi que certains des armements utilisés par les assaillants – notamment des fusils d'assaut de type AK – portaient des numéros de série séquentiels, et que leurs marquages avaient été effacés par le même procédé mécanique que pour ceux utilisés dans d'autres attentats, notamment à Grand-Bassam en Côte d'Ivoire, et à Ouagadougou au Burkina Faso[116]. Cela démontre une coopération horizontale entre groupes terroristes sous-régionaux.

Il est important avant de poursuivre d'apporter deux précisions sur la nature de cette dynamique horizontale de coopération/compétition entre acteurs continentaux. Celles-ci concernent les effets d'une telle dynamique sur l'autonomie opérationnelle des cellules d'une part, et l'effet de la méthode d'affiliation à l'EI sur la multiplication des groupes terroristes à travers le continent d'autre part.

En premier lieu, il apparaît que les cellules des groupes terroristes de la deuxième génération disposent d'une autonomie opérationnelle plus large en comparaison avec celles de la première génération. Ceci a notamment facilité les sérieux liens, logistiques et financiers en particulier, de certaines d'entre elles avec le tissu criminel et le grand banditisme dans les régions où elles sont implantées. À ce titre, l'émergence rapide des terroristes mozambicains d'Ahlu Sunnah Wa-Jamma dans la province du Cabo Delgado entre 2014 et 2015 fait penser qu'ils ont pu tirer profit des acquis logistiques et opérationnels de l'écosystème criminel de cette région déjà connue pour être la plaque tournante de divers trafics illégaux.

Une telle autonomie opérationnelle exige une méthode d'affiliation plus souple (lorsqu'il y en a) avec l'État Islamique qui « autorise » à la fois la tenue d'agendas locaux distincts – parfois liés simplement au grand banditisme et aux trafics illégaux (d'armes, de ressources naturelles et de stupéfiants) – et les partenariats horizontaux que les acteurs locaux estiment utiles et profitables, y compris avec des bandits armés et autres gangs sans orientation idéologique ou politique. Cela a facilité en second lieu la multiplication des groupes terroristes dans la deuxième génération, dont plusieurs empruntent davantage à la logique du grand banditisme que du terrorisme, et qui s'affilient ou pas à l'EI.

En ce qui concerne les structures au demeurant, il faut envisager les terrorismes de la deuxième génération sur le continent, comme un important réseau essentiellement horizontal, dont la plupart des acteurs dispose d'un agenda local différent, tout en se réclamant ou non de la mouvance terroriste mondiale dominée par Al Qaïda et l'EI. Sur le plan stratégique cela conduit à une multiplicité de tactiques par opposition au nombre relativement limité des tactiques des terrorismes de la première génération.

Variations tactiques et choix des cibles d'une génération à l'autre

Les tactiques des terrorismes représentent la combinaison entre le scénario des attaques dont ils sont à l'origine (choix de l'arme, déroulement de l'attaque, plan de fuite…) et les avantages ou le profit qu'ils espèrent en tirer, sur un plan matériel ou psychologique. Même si le choix de la cible des attaques peut être considéré comme partie intégrante de la tactique utilisée, nous l'étudions séparément dans cette partie. En effet, pour un scénario d'attaque similaire, les terrorismes des deux générations opèrent un choix sensiblement différent de leurs cibles. Cela trahit à la fois l'évolution de leurs ambitions, et la disposition psychologique qui prévaut dans les cellules opératrices, d'une génération à l'autre. Alors que le scénario tactique contribue à dévoiler des ressources en équipement et en entraînement mises à contribution et qu'il est possible de retracer après coup, le choix de la cible met en lumière la doctrine dominante et les spécificités de la logique de confrontation adoptée par les cellules opératrices concernées.

- Différences tactiques entre la première et la deuxième génération des terrorismes

Les principales différences, sur un plan tactique, entre les terrorismes de la première génération et ceux de la deuxième génération se situent à trois niveaux. D'abord la sophistication des scénarios d'attaques varie des plus simples (dans la première génération), aux plus complexes (dans la deuxième génération). Ensuite, les avantages tactiques couramment recherchés présentent de sérieuses divergences d'une génération à l'autre ; et enfin l'armement ou la combinaison d'armement utilisé se complexifie d'une génération à l'autre, laissant entrevoir une logique de spécialisation à l'intérieur des cellules ou des groupes terroristes.

Il est courant de penser que l'exécution de plusieurs attaques simultanées par une même cellule terroriste est un indicateur a priori, de sophistication. La réalité est beaucoup plus subtile. Même si la simultanéité de l'action nécessite une bonne coordination entre opérateurs, la sophistication des scénarios d'attaques terroristes tient davantage du timing (qui peut impliquer des actions simultanées, mais pas seulement), de la variation et de la combinaison des ressources et équipements mis à contribution, et de leur efficacité dans le sens du rapport entre les coûts (humains et matériels) et les dommages causés. C'est pourquoi nous considérons les scénarios des attaques de la première génération des terrorismes africains (entre 2000 et 2010) comme relativement peu sophistiquées – malgré la simultanéité de certaines d'entre elles – par rapport à ceux de la deuxième génération.

Les terrorismes de la génération survivaliste adoptent le plus couramment des scénarios d'attaque hérités des tactiques classiques d'Al Qaïda : attaque à la bombe, avec l'utilisation ou non de kamikazes, fusillades, et prises d'otages. Ces scénarios répondent à plusieurs contraintes liées au contexte de leur action, notamment leur dépendance stratégique par rapport à Al Qaïda (le principal pourvoyeur d'armement et d'entraînement, notamment à travers AQMI et AQAP), et leurs ressources humaines limitées. De plus, aucune des attaques terroristes de la période de cette première génération ne semble viser des profits matériels directs. Au contraire, ils visent presque exclusivement des objectifs psychologiques et politiques, dans une vision *pure* de l'action terroriste qui, nous le verrons plus loin, n'a plus tout à fait cours au sein de la deuxième génération expansionniste. Ainsi, ces scénarios ont souvent un coût démesurément élevé par rapport aux avantages stratégiques qu'ils peuvent leur procurer. À ce titre, les attaques du 16 mai 2003 contre plusieurs cibles de la ville de Casablanca au Maroc (qui ont fait plus d'une quarantaine de morts et quelque 200 blessés) apparaissent comme représentatives de cette forme tactique. Même si ces attaques sont presque simultanées, les opérateurs utilisent invariablement le même scénario de l'attaque suicide d'une part, et d'autre part, la cellule opératrice n'en tire aucun autre avantage que l'effet recherché de terreur sur une partie de la population. Sans compter que l'attaque aura coûté la vie aussi aux opérateurs. Le tableau suivant donne à titre d'exemple, une liste (non exhaustive) des attaques terroristes représentatives de la forme tactique de la première génération.

Date	Pays	Attaque (victimes)
11 avr. 2002	Tunisie	Attentat contre la synagogue de la Ghriba à Djerba (19 morts) – Al Qaïda : attentat-suicide à la voiture piégée

16 mai 2003	Maroc	Attentats de Casablanca (33 morts et 100 blessés) – Salafia al jihadia : attaques coordonnées contre: un hôtel et un restaurant, une pizzeria, les bureaux de l'alliance israélite, le cimetière juif, et le consulat de Belgique
23 juil. 2005	Égypte	Attentats de la station balnéaire de Charm el-Cheikh (88 morts, près de 200 blessés) – Al Qaïda : attaques à la bombe coordonées contre le parking d'un marché, et deux hôtels
11 avr. 2007	Algérie	Attentats d'Alger, 33 morts et plus de 200 blessés – AQMI : attaques à la voiture piégée contre le commissariat de police de Bab Ezzouar, et le palais du gouvernement
7-8 sept. 2007	Algérie	Attentats de Batna et de Dellys (56 morts et plus de 160 blessés) – AQMI : attentat-suicide
11 déc. 2007	Algérie	Attentats d'Alger (37 morts) – AQMI : attaques à la voiture piégée contre les bâtiments du Conseil constitutionnel, et le siège du Haut Commissariat des Nations unies pour les réfugiés (HCR)
18 juin 2009	Somalie	Attentats de Beledweyne (35 morts dont le ministre de la Sécurité intérieure, Omar Hashi Aden) – Al Shabaab : attentat-suicide contre un hôtel

Tableau 3 : Liste d'attentats représentatifs des tactiques de la première génération survivaliste

La logique tactique des terrorismes de la deuxième génération expansionniste se démarque résolument de ces formes classiques de scénario. D'abord, les terrorismes de cette génération poursuivent la plupart du temps un avantage matériel – prise d'un objectif, occupation temporaire d'un territoire, pillage… – concomitamment avec l'effet psychologique recherché. Ceci peut s'expliquer par leur autonomie dans la poursuite d'un agenda propre à eux d'une part, qui entraîne d'autre part la nécessité de trouver eux-mêmes une partie des ressources nécessaires à la poursuite de cet agenda. Une autre explication intéressante se trouve dans le fait qu'entre 2010 et 2011, la plupart de ces groupes terroristes passe d'unités de taille moyenne, quelques centaines de personnels, à de grands groupes de plusieurs milliers – toujours subdivisées du reste, en cellules réduites. Ceci accroît les besoins en ressources, et l'orientation tactique vers la captation et le contrôle de celles-ci lorsque cela est possible. Ensuite, cet ensemble de nécessités a contribué à une sophistication des scénarios d'attaques de la deuxième génération impliquant non seulement des aspects de coordination dans le but de maximiser les avantages tactiques, mais aussi la combinaison de plusieurs attaques en scénarios plus complexes. Il est possible enfin, comme le laisse penser l'analyse de certains scénarios d'attaque, que l'émergence de ces formes tactiques ait favorisé une logique de spécialisation au sein des cellules opératrices appartenant à des groupes plus grands.

> **Encadré 4 : Sur la sophistication tactique de la deuxième génération expansionniste**
>
> Les scénarios d'attaques des terrorismes africains de la deuxième génération se démarquent avant tout par des combinaisons d'attaques relativement simples dont l'effet

final leur apporte généralement un double avantage matériel et psychologique. Plusieurs de ces scénarios nécessitent non seulement une coordination entre un nombre relativement élevé d'opérateurs, mais aussi une certaine spécialisation de ceux-ci. Nous relevons ci-dessous cinq exemples de scénarios combinés qui ont émergé ces dernières années (nous donnons des dénominations arbitraires aux scénarios, simplement dans un but d'identification) :

L'attaque/pillage avec protection des arrières : Ce type de scénario a été remarqué à plusieurs reprises dans les villages du bassin du Lac Tchad (frontière entre le Nigéria, le Cameroun, le Tchad et le Niger) et dans les régions de Tillabéry et de Diffa au Niger. Dans un premier temps, un groupe d'opérateurs ouvre le feu sur les habitants d'un village, souvent en visant des cibles en vue (chef de village, poste de gendarmerie, position militaire réduite…). Puisqu'une telle attaque déclenche toujours l'envoi des secours et/ou de renforts sur place, un autre groupe pose ensuite des engins explosifs improvisés (EEI) sur les principales routes de connexion et tend une embuscade aux secours ou aux renforts. Ces derniers sautent sur les EEI, et sont engagés par les opérateurs embusqués. Une attaque de ce type a par exemple été observée le 7 juillet 2019 dans le village de Meliya (région du Lac Tchad, côté tchadien). Les combattants terroristes ont d'abord attaqué le poste de gendarmerie de la ville où ils ont tué 1 gendarme avant de s'en prendre aux civils et de piller des boutiques. Une ambulance dépêchée sur les lieux au lancement de l'alerte, a ensuite sauté sur une mine à l'entrée du village. L'attaque avait causé un total de 4 morts, et les assaillants ont pu emporter du matériel médical et des vivres.

Les cadavres piégés : Entre deux et trois attaques de ce type ont été observées dans la région du Sahel au Burkina Faso, et au centre du Mali, au cours de l'année 2019. Un cadavre habillé en tenue militaire et chargé d'explosifs est laissé sur le bord de la route. Sa charge explosive se déclenche lorsqu'il est manipulé. L'une des premières occurrences de ce scénario remonte au 14 février 2019 où deux militaires burkinabè, dont un médecin, ont été tués et six autres blessés après l'explosion d'un cadavre habillé en tenue militaire et piégé par des explosifs à Djibo, dans la province du Soum (au nord). De même en mai 2019, des villageois de Tiguila au Mali ont découvert plusieurs cadavres piégés d'explosifs sur les lieux d'une attaque terroriste survenue la veille.

Les attaques par vagues d'opportunité : Ce type de scénario est devenu récurrent en zone rurale, dans plusieurs régions du nord du Nigeria dès la fin 2017, et au Cameroun. Un grand nombre de combattants (entre 30 et une centaine selon les cas relevés), souvent à moto et suivis de près par un ou deux pick-up, attaque successivement plusieurs villages voisins d'une même région. Les combattants à moto ouvrent le feu et engagent le combat contre toute résistance ou riposte inattendue. En général les habitants s'enfuient ou se cachent dans les champs ou en montagne au déclenchement de l'attaque. C'est alors que les combattants en pick-up qui pillent les biens et vident les greniers des villages ainsi abandonnés. Pendant ce temps, les combattants à moto s'attaquent au village voisin le plus proche, et la boucle reprend. L'attaque de Boko Haram contre les villages voisins de Maichulmuri, Shuwa et Kuda (États de Borno et de l'Adamawa, Nigeria), le 17 mai 2019, est typique de ce scénario.

L'attaque avec massacre des fuyards : Ce type de scénario a été observé à plusieurs reprises de 2018 à 2020 dans des attaques au Mali, au Burkina Faso et eu Nigeria notamment. Un premier groupe de combattants entre dans un village et ouvre le feu sur les habitants en incendiant les principales habitations, greniers et autres lieux de vie. Pendant ce temps, un deuxième groupe attend dans les champs et massacre les villageois qui essayent de s'y cacher pour échapper à l'attaque de leur village. Il est à noter que ce scénario a été utilisé en 2019 dans au moins deux attaques communautaires au Mali, notamment l'attaque contre le village d'Ogossagou qui a fait près de 170 morts le 23 mars 2019, et les attaques des villages de Gangafani et de Yoro qui ont fait une quarantaine de morts le 17 juin 2019. Il est difficile de déterminer si les milices responsables de ces deux attaques ont reproduit le scénario déjà utilisé par des groupes terroristes ou l'inverse. Des occurrences de ce type d'attaque, antérieures à mars 2019 existent, notamment dans des attaques de Boko Haram au Nigeria (par exemple, le 24 décembre 2018, à Magami, État de Zamfara, 17 morts).

L'attaque de base militaire : Ce type de scénario a été observé presque sans variante entre 2016 et 2020 dans des attaques contre des bases et positions militaires au Mali, au Niger, au Nigeria, en Égypte, et en Somalie. Dans un premier temps, un ou plusieurs véhicules piégés foncent sur les points défensifs (barrières de sacs de sable, poste de sentinelles) de la base militaire et se font exploser. Ensuite, un deuxième groupe de combattants (souvent à bord de pick-up montées de mitrailleuses) profite de l'effet de surprise pour entrer dans l'enceinte et ouvrir le feu sur les militaires. Dans certains cas, ces pick-up servent d'appui-feu à un troisième groupe de combattants à pied qui entre dans les bâtiments pour piller ou attaquer les militaires retranchés (ce cas s'est observé notamment dans l'attaque de la base d'Aw Dheegle en Somalie, le 14 août 2019). Une occurrence typique de ce scénario est l'attaque de l'ISWAP contre une base militaire de la ville de Gajiram (État de Borno, Nigeria) le 17 juin 2019. Elle a impliqué l'usage de 9 pick-up montés de mitrailleuses lourdes, qui ont fourni un appui-feu pendant plusieurs heures à des combattants à pied. Au moins 15 militaires avaient alors été tués, et la garnison pillée.

- Le choix des cibles : indicateur de l'ambition croissante d'une génération à l'autre

Le choix des cibles visées par les attaques terroristes de la première ou de la deuxième génération fait en principe partie de la tactique de celles-ci. Nous l'en dissocions pour mieux l'examiner d'une part et d'autre part pour ressortir l'une des différences capitales entre les deux générations des terrorismes africains : leur ambition stratégique. L'un des éléments qui est apparu déterminant à travers l'histoire, dans la définition même des terrorismes, est le soin avec lequel les opérateurs choisissent leurs victimes en fonction du message politique qu'ils souhaitent passer. Dans le contexte africain, ce choix présente des divergences sérieuses d'une génération à l'autre, sur au moins trois aspects. D'abord ses modalités : le choix des cibles est généralement indirect pour la première génération survivaliste, alors qu'il est à la fois direct et indirect pour la deuxième génération expansionniste ; ensuite le caractère idéologique des cibles de la première génération, et plus stratégique de celles de la deuxième génération, et enfin la « force » de la cible définie par les expressions usuelles respectives de *soft target* et de *hard target* pour la génération survivaliste et pour la génération expansionniste.

La première génération survivaliste se définit, rappelons-le, par l'aspect central de son partenariat avec Al Qaïda, à la fois comme gage d'une « seconde vie » et source de renforcement par l'entraînement et les financements. À ce titre, il ne dispose que de peu d'autonomie idéologique et le choix de ses cibles apparaît largement influencé par cette dépendance idéologique. Ce choix est indirect, pour la génération survivaliste, dans l'orientation générale de la classe de cibles, puisque celle-ci est largement indiquée par Al Qaïda. Dans le contexte de la guerre contre les intérêts américains et alliés dans le monde[117] les partenaires africains d'Al Qaïda sont liés par cette orientation précise et apparemment exclusive dont dépend entre autres, leur accès continu aux ressources du groupe. Ainsi, pour reprendre un exemple évoqué précédemment dans ce chapitre, les attentats du 16 mai 2003 à Casablanca visent des cibles qui entrent précisément dans la classification d'Al Qaïda : le restaurant Casa de España, tenu par un ressortissant espagnol, l'hôtel Farah, fréquenté par des touristes essentiellement occidentaux, le consulat de Belgique, le cimetière Juif et le centre social hébraïque de la ville.

La relative indépendance idéologique de la deuxième génération des terrorismes africains favorise de son côté un choix de cible opéré plus directement par le leadership local des cellules opératrices. Il faut toutefois préciser que cette modalité n'est pas exclusive. En effet ainsi que nous l'avons décrit précédemment, les terrorismes de la deuxième génération opèrent eux aussi comme partenaires de plusieurs acteurs verticaux : Al Qaïda, et l'État Islamique, pour les plus importants ; et d'une multitude d'acteurs horizontaux avec lesquels ils sont engagés dans des relations de coopération/ compétition. Cette configuration favorise une grande autonomie, et permet donc à la fois un choix généralement direct des cibles de leurs attaques, et la possibilité d'orienter le choix de leur cible dans une logique de « sous-traitance ». L'une des conséquences au-demeurant, de ces modalités divergentes du choix des cibles entre les deux générations, est l'évolution des mécanismes de revendications des attaques observée entre les deux générations. Alors que les revendications sont plus fréquemment systématiques et les auteurs ou instigateurs des attaques clairement identifiés pour la première génération[118], les revendications des attaques de la deuxième génération ne sont pas systématiques, et peuvent même parfois être douteuses, comme c'est le cas des plusieurs attaques revendiquées en République démocratique du Congo par l'État Islamique en Afrique Centrale (ISCAP) en avril 2019, qui semblent plutôt attribuables aux rebelles ougandais ADF[119].

Un autre point de divergence important entre les deux générations est le caractère de leurs cibles respectives. En effet, la première génération survivaliste vise plus fréquemment des cibles que nous qualifierons d'idéologiques alors que les cibles de génération expansionniste sont le plus souvent stratégiques. La différence entre ces deux caractères de cibles se situe au niveau de l'avantage tactique matériel que rapportent les attaques perpétrées contre elles, en comparaison avec l'onde de choc psychologique et politique que suscitent de telles attaques. La tendance au choix de cibles seulement idéologiques, ou davantage stratégiques, peut être rattachée dans les deux générations, à l'effet des partenaires verticaux – ou au moins de la part d'influence de ces partenaires – dans l'action des groupes et cellules opératrices sur le continent, comme semble le prouver les « checklist » de cibles à viser en Afrique, publiés par Al Qaïda dans la péninsule arabique (AQAP) notamment, entre 2008 et 2012[120]. Il apparaît cependant plus juste de prendre en compte l'effet relativement plus important d'un facteur humain, et en particulier la conception de l'action terroriste par les dirigeants des groupes et cellules opératrices du continent.

Une forme de conception *pure* des terrorismes plus largement en vogue dans la première génération semble privilégier l'onde de choc psychologique et le retentissement politique à l'avantage matériel généré par les attaques. Il est même possible d'avancer que ce choix de cibles idéologiques est exclusif dans la première génération, puisqu'aucune des sept attaques terroristes d'ampleur moyenne à grande, répertoriées précédemment[121], ne vise de cible stratégique. Il n'en est pas de même pour les terrorismes de la deuxième génération qui présentent une double différence en ce qui concerne le caractère de leur cible. La première différence est que les cibles visées par les terrorismes de cette génération sont à la fois idéologiques et stratégiques, avec cependant une forte dominante stratégique ; et la deuxième différence est que le leadership de ces groupes de la deuxième génération présente une vision moins *purement* idéologique de leur action. L'intervention des pillages, et des attaques de bases militaires dans le spectre des actions des terrorismes de la deuxième génération est l'un des indicateurs de cette orientation plus stratégique des cibles. Entre 2018 et 2019 par exemple, au moins 25 attaques attribuées aux terroristes de Boko Haram dans la région du lac Tchad impliquaient systématiquement un pillage de greniers et de cheptels[122]. De même à partir de 2011, les groupes terroristes s'attaquent aussi plus fréquemment à des bases militaires, avec l'objectif de s'emparer des stocks d'armement[123]. Par ailleurs, plusieurs attaques au cours de l'année 2019 démontrent la capacité croissante des groupes terroristes de la deuxième génération à désigner des cibles à forte valeur stratégique, nécessitant une compréhension au moins rudimentaire des méthodes et procédures des forces armées qui les combattent[124].

Cette tendance récurrente chez les terrorismes de la deuxième génération, à viser des *hard targets* (cibles « dures » : bases et garnisons militaires, postes de police, points de contrôles tenus par les forces de sécurité), par opposition à la première génération qui visait plus généralement des *soft targets* (cibles « molles » : civils), représente un troisième point de divergence, relatif à la « force » de la cible. La différence entre *hard* et *soft target* se définit à la fois par la capacité de la cible à opposer une riposte organisée au moins proportionnelle à l'attaque qu'elle subit, et par l'intensité potentielle du combat engagé à l'occasion de l'attaque. Si les *soft target* sont essentiellement des cibles civiles, et dans tous les cas des cibles ne disposant pas de ressources militaires adéquates pour engager l'assaillant, les *hard target* se présentent davantage comme des objectifs militaires disposant – au moins théoriquement – de moyens de riposte.

Privilégier l'attaque des *hard target* remplit une double fonction chez les terrorismes de la deuxième génération expansionniste. D'une part au plan stratégique ils trouvent ainsi un accès aux stocks nationaux d'armement où ils peuvent voler de l'équipement, et des occasions d'aguerrir leurs unités combattantes ; et d'autre part, sur le plan du discours politique, cela leur permet de conforter leur rhétorique du *nous* contre *eux,* en s'attaquant directement au bras armé des États (*eux*) qu'ils accusent de toutes sortes d'abus contre des populations locales (*nous*) dont ils se proclament donc les protecteurs. Ainsi, entre le 1er janvier et le 15 août 2019 par exemple, Stake experts[125] a recensé dans sa base de données des incidents sécuritaires majeurs sur le continent africain, 17 attaques terroristes majeures menées contre des bases militaires. Cela représente 1 attaque majeure (c'est-à-dire ayant causé la mort d'au moins 10 militaires) contre une base militaire tous les 13 jours sur le continent ; la plupart d'entre elles visant les forces armées nationales[126], et certaines prenant pour cible des forces multinationales, dont des forces de maintien de la paix des Nations unies ou de l'Union Africaine[127].

Le tableau suivant résume les caractéristiques structurelles et stratégiques des deux générations de terrorismes africains. Depuis 2011 au moins, la deuxième génération expansionniste a cours jusqu'au moment de l'écriture de ce livre. Elle emprunte des schémas stratégiques et opérationnels résolument différents des terrorismes de la première génération. Cependant, il apparaît que, dans de très nombreux cas, les réponses sécuritaires pensées et exécutées par les États du continent tiennent encore peu compte de cette évolution importante et sont adaptées aux spécifications de la première génération survivaliste (tout au plus). A cet égard, et au regard de leur potentiel disruptif, les terrorismes africains de la deuxième génération expansionniste, représentent un véritable défi de maturation pour les États modernes africains.

Caractéristiques structurelles		Caractéristiques stratégiques		Exemples
Discours politique	Structure opérationnelle	Principales tactiques	Choix des cibles	
Double conditionnalité : - Réaffirmation des objectifs politiques premiers (source de légitimité locale) - Adhésion à l'ambition politique d'Al Qaïda	- Cellules beaucoup plus petites (moins de 10 personnels) et plus concentrées dans l'espace - Prédominance hiérarchique verticale (dépendance quasi exclusive des entraînements et ressources en armement d'Al Qaïda)	Tactiques classiques (attaque à la bombe, avec l'utilisation ou non de kamikazes, fusillades, et prise d'otages)	- Modalité de choix : indirecte - Caractère dominant des cibles : idéologique - Force des cibles : *Soft target*	- Structure : AQMI (2002-2009) Al Shabaab (2006-2010) Boko Haram (2010-2014) - Stratégie : Attentats de Casablanca, Maroc (16 mai 2003) Attentat de Beledweyne, Somalie (18 juin 2009)
Discours politique plus autonome et plus ambitieux	- Cellules toujours petites et plus répandues dans l'espace, mais avec des unités « patronales » plus grandes et plus concentrées - Prédominance d'une dynamique horizontale de coopération/compétition (diversification des sources d'armement et de financement)	Tactiques combinées, impliquant parfois un certain niveau de spécialisation (attaque/pillage avec protection des arrières, cadavres piégés, attaques par vagues d'opportunité, attaque avec massacre des fuyards)	- Modalité de choix : directe et indirecte - Caractère dominant des cibles : stratégiques - Force des cibles : *Hard target* et *Soft target*	- Structure : Ansaru (2012-) EIGS (2015-) JNIM (2017-) Boko Haram (2014-) ISWAP (2015-) Ahlu Sunnah Wa-Jamma (2014-) - Stratégie : Attaque des bases de Malete, Gajiram, Mainok, Nigeria (18 novembre 2018) Embuscade de Macomia, Mozambique (31 mai 2019)

Tableau 4 : Caractéristiques structurelles et stratégiques des deux générations de terrorismes africains

Partie 2 : Un ultime défi de maturation pour les États modernes africains

La deuxième génération expansionniste des terrorismes africains est une nouvelle occasion pour les pays du continent d'actualiser leur doctrine de l'État et de la sécurité nationale. Les formes et l'ampleur de la menace que cette génération fait peser sur eux, permettent de mettre au jour des faiblesses structurelles qu'il est possible de corriger. Cela se fera au prix d'une nouvelle maturation de la philosophie de la force publique d'une part, et des modalités du partenariat sécuritaire entre l'État et les populations d'autre part.

Une telle entreprise n'est pas sans danger. Il est en effet absolument nécessaire de comprendre l'état des terrorismes sur le continent, ce que représente réellement la menace des terrorismes mais aussi (et surtout) ce qu'elle n'est pas, afin de faciliter un débat lucide sur les outils de lutte antiterroriste les plus adaptés.

Comment les terrorismes rebattent les cartes de la doctrine de l'État et de la sécurité nationale

Sur le continent africain – mais c'est le cas aussi à plusieurs endroits du monde – la force publique dans son expression militaire, est considérée comme le tout premier rempart contre le terrorisme. Cette vision peut avoir une forme de validité dans de nombreux contextes non africains, où la menace et l'action terroristes représentent avant tout un fait « extérieur ». Il ne saurait en être de même dans le contexte des États africains, pour plusieurs raisons dont au moins trois devraient particulièrement retenir notre attention.

En premier lieu, ainsi que nous l'avons décrit précédemment, les terrorismes sont devenus dans les États africains où ils sont actifs, un fait politique intérieur à part entière. Ils nécessitent à ce titre, une réponse au moins autant politique que militaire, et dans tous les cas, un arbitrage plus attentif des instruments militaires destinés à cette réponse. En deuxième lieu, le mélange incestueux du politique et du militaire dans la sociologie de l'État est encore très courant dans de nombreux pays du continent en proie à l'activité terroriste. Il a le double effet de rendre beaucoup plus complexes, les démarches de responsabilisation et de professionnalisation du commandement militaire d'une part, et d'offrir ainsi des perspectives d'impunité en cas d'abus, d'autre part ; ceux-ci contribuant en troisième lieu, à accorder plus de crédit aux rhétoriques d'abandon de l'État et d'absence de justice sociale mises en avant par les terrorismes.

145

Il ne s'agit donc plus seulement d'opposer à l'action terroriste, une réponse politique et militaire équilibrée – ce serait une première étape utile ceci dit. La compréhension et la lutte contre les terrorismes sur le continent nécessitent davantage, l'émergence de propositions susceptibles de modifier dans la bonne direction, la philosophie sécuritaire même et le concept de force publique d'une part, et d'ouvrir d'autre part, les possibilités d'un partenariat sain et mutuellement perçu comme bénéfique entre les États et leurs populations. Une telle démarche nécessiterait par ailleurs, une définition claire et sans ambiguïté du rôle assigné à chacune des parties prenantes, en fonction de leurs capacités d'action, et des prérogatives qui leur sont attribuées et reconnues par la loi.

Nécessaire maturation de la philosophie sécuritaire et du concept de force publique

Nous avons énoncé dans le chapitre précédent, l'une des caractéristiques qui font la particularité africaine des terrorismes : le fait qu'ils constituent, dans les pays du continent où ils sont actifs, un fait politique intérieur à part entière, tirant un profit démesuré des faiblesses structurelles de l'État. L'exemple de la superposition des territoires et des ordres, facilite ainsi la crédibilisation des discours de légitimation privilégiés par les groupes terroristes d'une part et la construction de chaînes de loyauté parallèles susceptibles de profiter à ceux-ci[128] d'autre part. De même, non seulement les groupes terroristes démontrent une compréhension clairvoyante et tirent profit des dynamiques d'opposition historiques entre diverses communautés dans un même espace territorial[129], mais surtout, plusieurs recherches au cours des dix dernières années ont permis d'établir que la grande majorité d'entre eux opère un suivi scrupuleux de l'évolution de

146

l'opinion publique à leur égard et en tient activement compte dans ses décisions stratégiques[130].

La lutte des États africains contre les terrorismes de la deuxième génération, dans un tel contexte politique et stratégique, ne peut donc pas s'appuyer sur un traitement local – essentiellement sécuritaire – choisi par défaut parmi des options préexistantes. Elle doit au contraire, devenir le fruit d'une stratégie plus large, mûrie et en cohérence avec/et prenant en compte les connaissances actuelles de l'évolution et des dynamiques en cours dans les terrorismes sur le continent, les faiblesses structurelles des États concernés, et les éventuels facteurs périphériques susceptibles d'avoir une influence sur l'efficacité de l'action de la force publique contre les cellules opératrices[131]. Mais une telle logique d'intervention et de réponse nécessite avant tout, une évolution de la philosophie de l'action des forces de sécurité vers plus d'adaptation aux contingences actuelles.

Une telle démarche devrait dans le meilleur des cas, aboutir à la révision du concept même de force publique dans certains contextes. Elle s'appuie sur la réalisation d'au moins trois changements politiques et stratégiques dont la nécessité est antérieure à l'émergence des terrorismes sur le continent africain, et l'opportunité exacerbée par celle-ci. Il s'agit d'abord, de défaire le lien incestueux entre le politique et le militaire dans la sociologie de la plupart des États du continent, ensuite de recréer et de renforcer un lien social sain entre les forces de sécurité et les populations locales, et enfin, d'anticiper et de parer aux dangers structurels posés par les interventions militaires étrangères, en particulier celles qui opèrent avec mandat offensif qui les amène à aller au contact.

Défaire le mélange incestueux politique-militaire dans la sociologie de l'État

En février 2011 une révolution en Égypte, a entraîné le départ du dirigeant d'alors, Hosni Moubarak, un ancien général au pouvoir depuis 1981, après l'assassinat d'Anouar al-Sadate. Après le scrutin présidentiel de mai 2012 et le coup d'état de juillet 2013 contre Mohamed Morsi, Abdel Fattah Al-Sisi, un ancien général lui aussi est confirmé à la tête du pays en mai 2014. En Libye, la chute du dirigeant Muammar Kadhafi en octobre 2011 a laissé la place, faute de consensus, à deux régimes, dont celui de l'Est (qui couvre le Fezzan et une grande partie au sud de la Cyrénaïque) est dirigé par le maréchal Khalifa Haftar, à la tête de l'Armée nationale libyenne (ANL). Celui-ci a d'ailleurs lancé début avril 2019, une vaste offensive contre Tripoli pour « déloger les mercenaires et les terroristes » qui seraient installés dans la capitale libyenne. Plus récemment, la révolution démarrée en décembre 2018 contre le régime soudanais d'Omar El-Béchir, a entraîné la prise du pouvoir par un conseil militaire de transition (TMC) après la chute de ce dernier, le 11 avril 2019. Les négociations entre les représentants de la révolution[132] et les militaires ont permis la mise en place d'un Conseil souverain de la transition dominé par des civils (puisque 6 de ses 11 membres sont des civils), mais dirigé par une personnalité militaire – en l'occurrence le général Abdel Fatah Al Burhane, chef de l'ancien TMC – pendant 21 des 39 mois que doit durer la transition…

S'il est possible de multiplier des exemples de ce type, couvrant toutes les périodes de l'histoire politique récente et presque tous les pays du continent, c'est qu'à travers le temps et les géographies, la politique des États modernes africains apparaît dominée par des régularités et des schèmes qu'il est relativement aisé de repérer, sous réserve d'une prise en compte des particularités contextuelles qui les produisent. L'une de ces régularités et sans doute la plus importante – au moins la plus statistiquement récurrente – est la forte imbrication du politique et du militaire à la tête et dans la gestion politique quotidienne de l'État. En 2019, 24 sur les 54 chefs d'États et/ou de gouvernement africains sont d'anciens militaires ou anciens chefs de groupes armés, et une proportion similaire des ministres, tous secteurs confondus, portaient l'uniforme ou sont issus d'un groupe armé.

Alors que les dirigeants militaires apparaissent ou sont perçus comme plus aptes à assurer la gestion politique dans plusieurs pays du continent, la présence d'anciens chefs rebelles dans les appareils d'État répond davantage à des arrangements et accords post-conflit, qui ont permis de mettre fin à certains des conflits les plus importants des années 1960 et 2000. Le résultat statistique de ce constat est qu'en 2019, sur le continent, un chef de groupe armé (rebelle ou pas) ou un militaire avait schématiquement environ 44% de chance de devenir ministre/ chef d'État. De plus, comme l'explique Gerhard Anders les anciens militaires ou rebelles ont tendance à transformer leurs groupes armés en partis politiques ou à rejoindre des partis politiques existants à la fin de la guerre, afin de « convertir leurs gains en temps de guerre, en sécurité matérielle et statut social »[133]. Il en résulte que de nombreux régimes à travers le continent, doivent leur survie même, à cette imbrication démesurée des réseaux politiques et militaires.

Dans un contexte sécuritaire volatile lié à l'activité des terrorismes, cette forte imbrication du politique et du militaire au sommet de l'État, a plus de conséquences négatives que d'effets positifs. L'on lui attribue couramment l'avantage d'une plus grande efficacité de l'action antiterroriste lorsqu'elle est menée par des leaders issus des milieux combattants, et donc socialisés à leurs modes d'action. Les exemples du président nigérian Muhammadu Buhari, et de l'ancien président mauritanien Mohamed Ould Abdel Aziz sont typique de cet argumentaire. À son arrivée à la tête du Nigeria en 2015, cet ancien officier général a mené d'importantes réformes au sein des forces armées, qui leur ont permis d'engranger des victoires que son prédécesseur – Goodluck Jonathan, un civil – ne pouvait même pas espérer, dans la lutte contre le groupe terroriste Boko Haram. Cependant le fait que ces victoires aient été de courte durée, et ne soient pas parvenues à empêcher la résurgence de Boko Haram, plus violent, et toujours aussi actif, permet de mettre en doute l'efficacité de la formule. D'autant plus que pour ce seul avantage, somme toute illusoire, les conséquences négatives d'une telle imbrication du politique et du militaire au sommet de l'État apparaissent moins contestables. Ces conséquences négatives sont de trois ordres : politiques, judiciaires et sociologiques.

Au plan politique, une forte imbrication du politique et du militaire au sommet de l'État retarde la professionnalisation des forces armées d'un côté, et facilite d'un autre côté, les abus de la violence politique contre les populations. Qu'elle se produise au lendemain d'une indépendance ou d'une guerre civile, la formation ou la reconstruction des États nécessite un processus progressif de professionnalisation des forces armées, obéissant à au moins deux principes. Le premier est le caractère national et apolitique lié aux forces armées, qui leur permet d'être au service de l'État, quels que soient les gouvernements qui se succèdent à la tête de celui-ci. Il offre une garantie minimale de sécurité contre les abus de la violence politique – utilisation de la force publique à des fins politiques – contre des citoyens. Le second principe est celui de la séparation fondamentale entre les fonctions de police et les fonctions militaires liées à la défense nationale. Il s'agit ici aussi, d'apporter des garanties contre l'usage inapproprié de la force publique, militaire en l'occurrence, qui pourrait présenter une perception distordue de la justice comme instrument de pouvoir au service d'un régime politique ou d'un autre.

La conséquence sur le plan judiciaire, d'une forte imbrication entre le politique et le militaire au sommet de l'État, est le risque élevé d'impunité des militaires – hommes de rang ou membres du commandement – dans l'éventualité d'abus. Des armées peu professionnelles, c'est-à-dire comprenant moins de militaires de carrière que d'unités combattantes créées en raison de leurs liens avec le régime politique en place ou pour faciliter/ préserver sa survie, seront par nature plus couramment utilisées comme instruments de pouvoir à la disposition du régime qui les crée. De même dans cette fonction, elles seront plus enclines à se rendre coupables de violence politique contre des citoyens, que ce soit en raison de leur caractère ethnique, de leur appartenance politique ou de leurs activités militantes par exemple. Une telle violence le cas échéant, serait alors couverte d'une totale impunité, ou au moins d'une absence totale de volonté politique à favoriser la justice. En plus de continuer à nourrir les rhétoriques du *nous* contre *eux* décrites précédemment, et largement utilisées par les terrorismes de la deuxième génération, cette impunité a un effet dévastateur sur la consolidation du lien sociologique entre militaires et populations locales.

C'est la principale conséquence sur le plan sociologique, du lien incestueux politique-militaire au sommet de plusieurs États modernes africains : une armée politisée n'est plus une armée nationale, et, à moins d'être nationale, elle s'assimile davantage aux yeux des populations locales, à un groupe combattant qui comme tous les autres, défend ses propres intérêts ou ceux de son commandement. En d'autres termes, le lien social existant entre les populations locales et les forces armées dans de nombreux contextes de pays africains affectés par les terrorismes ou d'autres formes d'insurrection armée, s'est parfois limité à un arbitrage douloureux sur laquelle des deux oppressions choisir – forces armées ou groupe insurrectionnel –, sachant que dans bien des cas, les forces armées n'étaient systématiquement pas les moins abusives.

Or ce lien social entre forces armées et populations locales est d'une nécessité absolue en matière d'efficacité dans la lutte des États modernes africains contre les terrorismes de la deuxième génération expansionniste.

Nécessité d'un lien social entre l'armée et les populations locales

En août 2019, au cours d'une mission de terrain que nous dirigions à la tête de d'une équipe de Stake experts au Burkina Faso, à la suite de l'attaque terroriste contre un détachement des forces armées burkinabè à Koudougou, nous avons interrogé quelques habitants de l'une des principales villes du département du Soum (région du Sahel) sur leur sentiment après l'attaque susmentionnée. Les réponses d'un homme de la soixantaine ont alors eu un écho particulièrement illustratif du lien social dont il est question ici. Cet homme – nous lui donnerons le nom fictif de ABCD – nous a confié ceci : « Les FDS[134] se dévouent tellement. Cela me fend le cœur de voir des jeunes hommes ainsi pris pour cible. Ils ont quel âge ? 20 ans ? 25 ans tout au plus pour les hommes de rang ? C'est révoltant. Ces gens [les groupes terroristes] les attaquent simplement parce qu'ils portent un uniforme pour leur travail, c'est tout. Sinon derrière, ce sont nos enfants ou nos neveux ou nos nièces, c'est des gens de parmi nous, des Peuls, des Mossi ou bien des Gourounsi… C'est atroce, c'est vraiment atroce […] ».

Ce témoignage est le signe d'un lien social existant entre les forces armées d'un pays, et les populations locales, comme l'expriment entre autres, la répétition de les termes dénotant l'appartenance (nous, nos…), rattachés aux militaires. La nécessité d'un tel lien social entre les forces armées et les populations locales, fait écho à l'impératif de renforcer la crédibilité de l'État, et de bâtir une relation de confiance, dans un contexte où les rhétoriques des terrorismes tendent précisément à maximiser les sources de frustration et les lignes de fracture, afin de s'assurer des bases de soutien local. D'ailleurs, pour en revenir au contexte du département du Soum au Burkina Faso, la longue popularité du terroriste et chef charismatique d'Ansarul Islam, Ibrahim Malam Dicko (décédé en mai 2017), s'est construite sur cette logique de maximisation des frustrations locales. Il s'est fait connaître longtemps avant le début de l'activité militante de son groupe, par ses longues tirades à l'occasion de prêches diffusés sur des chaînes de radio de la région, sur le thème de l'abandon des populations locales par un État corrompu et prédateur.

Bâtir un lien social sain et durable entre les forces armées et les populations locales, relève donc à la fois d'une nécessité politique : celle d'assurer la crédibilité de l'État en tant que seul détenteur du pouvoir de violence légitime et d'instaurer ainsi une relation de confiance avec les citoyens ; et d'une nécessité stratégique : celle de permettre aux forces militaires de tirer profit de la coopération des populations locales sur les zones d'intervention.

Sur le plan politique, une telle crédibilité et relation de confiance est d'autant plus mise en danger, dans un contexte de péril sécuritaire comme celui que crée l'activité récurrente de groupes terroristes. En effet, l'usage nécessaire de la force publique ne peut être perçu que négativement au sein des populations locales, à moins d'être encadré par des règles claires et connues de celles-ci, et accompagné par des mesures judiciaires prédictibles et transparentes en cas d'abus de la part des opérateurs. Il s'agit d'un impératif capital. Sur une zone d'intervention, l'unique différence aux yeux des populations locales, entre les terroristes ou forces ennemies d'une part, et l'armée nationale d'autre part, est l'existence d'une possibilité de recours même a posteriori, contre l'action de cette dernière au cas où cette action serait abusive envers les non-combattants. En d'autres termes, si les populations locales n'ont pas confiance en l'État et la justice pour encadrer, contrôler et sanctionner le comportement des militaires en zone d'opération, alors ceux-ci leur apparaîtront, au même titre que les combattants terroristes, comme une force d'oppression violente et abusive, avec laquelle elles peuvent choisir de ne pas coopérer, au profit des terroristes. Ceci amène par ailleurs, à une redéfinition politique de la notion même d'ennemi interne d'un point de vue des populations locales, comme nous le verrons en détail dans le chapitre suivant.

La coopération des populations locales représente aussi, sur le plan stratégique, une variable indispensable à l'action des militaires sur zone. C'est même le principal avantage stratégique que peut apporter le lien social existant entre les populations locales et les forces armées d'un État, dans le contexte des pays africains touchés par les terrorismes. Cette coopération s'exprime à la fois sur un temps tactique immédiat et moyen-long. Sur le temps tactique immédiat, il s'agit essentiellement de disponibilité du renseignement et de soutien sur zone, en l'occurrence l'orientation en terrain peu connu des militaires (et que les populations locales connaissent forcément mieux) entre autres. Les forces armées tirent ici un profit immédiatement convertible en avantage tactique dans leurs opérations. Sur le temps tactique moyen-long cependant, la coopération des populations est nécessaire en particulier pour la gestion proactive des éventuels incidents sur zone, bavures, abus réels ou soupçonnés, dégâts collatéraux... autant de risques inhérents à la nature même des opérations menées par les militaires. Ici, l'engagement proactif des populations locales, et en particulier des leaders d'opinion, peut s'exprimer par des actions locales de sensibilisation ou d'information, permettant par exemple d'insister sur le fait que d'éventuels incidents sont possibles, mais qu'ils seront exceptionnels, et pris en charge dans tous les cas, par les mécanismes judiciaires appropriés connus à l'avance et prédictibles. Plus que de simple sensibilisation, il s'agit davantage d'éduquer les populations locales sur les termes du partenariat qui les relie à l'État agissant à travers les forces militaires.

Cet impératif de coopération avec les populations locales apparaît bien appliqué par de nombreuses forces étrangères – sous mandat onusien ou d'intervention directe – présentes dans les pays africains (notamment dans le Sahel), et qui sont impliquées de fait ou de droit, dans la lutte contre les terrorismes dans la région. Il est cependant nécessaire pour ces forces, autant que pour les décideurs du continent, de prendre en compte et de mitiger les dangers liés aux interventions militaires étrangères prolongées, d'autant plus si elles ont un mandat offensif.

Avantages et dangers des interventions/missions étrangères avec mandat offensif

Les forces étrangères intervenant dans le cadre d'un mandat onusien, de l'Union Européenne, ou autres, sont soumises à de fortes pressions politiques à la fois de la part des États ou organisations intergouvernementales qui les déploient, et des États hôtes. Dans le contexte sahélien, ces pressions politiques s'expriment entre autres par les demandes et réclamations constantes qu'elles s'engagent dans des actions – souvent offensives – qui vont au-delà de leurs mandats. En effet, il est souvent évident qu'elles disposent d'hommes, de ressources et d'équipements plus adaptés et/ou plus performants et mieux entraînés pour répondre aux périls immédiats auxquels les populations sont confrontées d'une part, et que d'autre part, les contextes politiques et sécuritaires fortement déstabilisés où elles interviennent ne disposent souvent que de peu de forces militaires locales et de police capables d'assurer pleinement leurs missions de sécurisation et de protection de la paix sociale.

Dans ce contexte, le débat onusien autour des missions de maintien de la paix, s'est parfois étendu à la nécessité ou la possibilité de donner aux casques bleus, des mandats qui s'étendent à des opérations de lutte antiterroriste, dans les pays qui les nécessitent. En novembre 2016, au cours d'une réunion du Conseil de sécurité consacrée aux défis asymétriques auxquels sont confrontées les opérations de maintien de la paix, Vice-Secrétaire général des Nations Unies, Jan Eliasson, avait rappelé que les casques bleus ne devaient pas se lancer dans des opérations militaires antiterroristes, rappelant que l'organisation devrait réfléchir aux moyens pour elle de soutenir les efforts déployés aux niveaux nationaux et régionaux en vue de prévenir l'extrémisme violent et le terrorisme[135]. Il n'empêche que dans les faits, les forces onusiennes sont de plus en plus victimes d'attaques terroristes directes contre leurs structures. Ainsi en 2019 et 2020, plusieurs attaques terroristes ont visé directement des casques bleus sur le continent africain. C'est le cas par exemple, de l'attaque du camp de la Mission des Nations Unies au Mali (MINUSMA) à Aguelhok, qui a causé la mort de 10 casques bleus tchadiens le 19 janvier 2019. Plus récemment, le 9 janvier 2020 des tirs de mortiers contre un autre camp de la MINUSMA à Tessalit, a blessé 18 casques bleus. Alors si elles n'ont pas de mandat expressément antiterroriste, les missions onusiennes deviendront-elles de fait, des forces antiterroristes par défaut dans des contextes de vide en la matière ?

À cette interrogation s'ajoute celle liée aux interventions ou présences militaires dont le mandat spécifique est totalement ou en partie lié à la lutte antiterroriste. C'est le cas par exemple de l'opération militaire française Barkhane dans le Sahel, ou des actions du Commandement africain des forces armées américaines (Africom) dans la Corne de l'Afrique et dans le Sahel. Ce type d'interventions, devenues plus importantes depuis le début des années 2010, en collaboration avec les forces armées des pays hôtes, est apparu comme une réponse stratégiquement cohérente à plusieurs égards. D'une part en raison de l'urgence opérationnelle de la lutte contre les terrorismes dans des contextes régionaux de moins en moins stables, et qui ne laissaient pas le temps d'une (re)structuration efficace des forces armées nationales concernées en conséquence ; et d'autre part, parce que les modalités de ces interventions, en l'occurrence le partenariat avec les forces armées nationales, permettent aussi – au moins théoriquement – de renforcer les capacités opérationnelles de ces dernières dans la lutte contre les terrorismes dans leur environnement stratégique immédiat. Ici aussi se pose la question, cela dit, du risque – réel ou supposé – d'une action de ces opérations extérieures comme force antiterroriste par défaut.

Beaucoup se souviennent de la libération de la ville de Tombouctou en janvier 2013 par l'armée française, dans le cadre de l'opération militaire Serval. Le président français de l'époque, François Hollande, avait alors été accueilli quelques mois plus tard en héros par les populations, dans une ville martyre et symbole de la guerre civile malienne. Un autre événement, qui a eu un écho international relativement moindre (ou en tout cas différent), mais qui reste gravé dans les mémoires des populations de la commune de Ouallam (région de Tillabéri) à l'ouest du Niger, est l'embuscade du 4 octobre 2017 contre une patrouille mixte Nigéro-Américaine, qui a coûté la vie à 5 militaires nigériens et 4 américains, dans le village de Tongo-Tongo. Ces deux événements ont en commun premièrement le coup de projecteur qu'ils jettent sur un engagement sérieux de ces forces armées étrangères – hors mandat de maintien de la paix – dans la lutte contre les terrorismes ou pour la stabilisation des régions concernées, et deuxièmement, le caractère offensif de cet engagement, dans le sens où, à diverses occasions et de diverses manières, il amène les opérateurs à aller au contact. Un tel engagement peut emporter des avantages stratégiques sérieux dans la lutte contre les terrorismes, il peut aussi soulever des questions sur son coût, notamment pour les pays hôtes et leurs forces armées, en ce qui concerne cet ouvrage.

S'interroger sur les avantages et les dangers de ces formes d'intervention militaire à mandat offensif (de fait ou de droit) revient à établir un rapport entre leurs bénéfices et leurs coûts, dans les contextes où elles sont le plus actives. En premier lieu, les bénéfices peuvent s'évaluer en avantages stratégiques immédiats et sur le moyen-long terme dans la lutte contre les terrorismes.

- Avantages stratégiques immédiats : l'effet « coup d'arrêt »

L'effet immédiat des interventions militaires étrangères dans les contextes de conflits, ou environnements sécuritaires volatils sur le continent africain, peut être défini comme un « coup d'arrêt ». Il s'analyse à travers le double prisme du changement stratégique introduit par l'intervention d'une part, et la nécessité d'un temps d'étude et d'adaptation de la part des acteurs sécuritaires présents et actifs – en l'occurrence, les terrorismes – d'autre part. En premier lieu, les modalités du changement stratégique introduit par une intervention militaire tierce sont multiples et divergent selon les contextes. Dans le cas de la lutte contre les terrorismes sur le continent, l'une de ces modalités est la supériorité technologique des forces d'intervention, et leur capacité de disruption des structures terroristes au début de l'intervention. Comme le démontrent les premières victoires des opérations françaises Serval et Barkhane dans le Sahel, et des frappes aériennes de l'Africom en Somalie, l'arrivée d'un acteur tiers relativement peu connu au début de son intervention, et sa supériorité technologique, portent un coup d'arrêt aux premières ambitions des terroristes. En second lieu, il est courant que les groupes terroristes prennent le temps d'observer et d'étudier les méthodes des nouveaux acteurs, et d'intégrer les changements de tactiques nécessaires à leur survie. De cette analyse, et de la capacité des forces d'intervention à se réadapter continuellement aux modalités changeantes du terrain, dépendent la durée de l'effet « coup d'arrêt », et sa convertibilité en avantage stratégique sur le moyen-long terme.

Encadré 5 : La doctrine américaine de la « décapitation du leadership » des groupes terroristes

L'une des stratégies clés dans la doctrine antiterroriste américaine est la « décapitation du leadership » des groupes terroristes. Elle consiste, ainsi que l'explique Bryan Price, à affaiblir la structure centrale des cellules ou groupes combattants, en menant des opérations spécifiquement destinées à arrêter ou tuer leurs leaders[136]. Cette stratégie a été éprouvée depuis le début des années 2010, notamment contre les Talibans en Afghanistan[137], et contre Al Qaïda.

Sur le continent Africain, les forces armées américaines opérant sous le commandement de l'Africom visent régulièrement le groupe terroriste Al-Shabaab en Somalie par des frappes aériennes ciblées et guidées par cet objectif de « décapitation du leadership »[138]. Celles-ci ont permis la neutralisation de plusieurs chefs du groupe, dont l'émir Ahmed Abdi Godane (alias Ahmed Abdi aw-Mohamed, Abu Zubeyr), abattu au cours de l'une de ces frappes aériennes le 31 août 2014.

L'efficacité de cette stratégie reste cependant sujette à débat[139]. Dans une étude de cas publiée en mars 2019 par le Centre international de Recherche sur la Violence politique et le Terrorisme (International Centre for Political Violence and Terrorism Research), Kenneth Yeo Yaoren relève par

---

exemple qu'elle produit des résultats différents selon que le groupe ciblé est dirigé par un ou des leaders charismatiques d'une part, ou par un ou des leaders plus bureaucratiques d'autre part. Dans le premier cas, l'organisation ciblée apparaît plus vulnérable et plus déstructurée après la capture ou la mort de son chef charismatique[140] (ou alors, effet pervers possible, ses membres se radicalisent davantage après la mort de leur chef charismatique causant une intensification de la violence alimentée par une nouvelle rhétorique de vengeance[141]) ; tandis que dans le second cas, l'organisation ciblée demeure relativement inchangée après la capture ou la mort de son(ses) leader(s)[142].

- Avantages stratégiques sur le moyen-long terme : le renforcement des capacités opérationnelles des forces armées locales

Le renforcement des capacités opérationnelles des forces armées locales apparaît comme le principal avantage stratégique sur le moyen-long terme des interventions militaires extérieures engagées de fait ou de droit dans la lutte contre les terrorismes sur le continent. Son contenu pratique diverge considérablement selon que la force d'intervention militaire agit dans le cadre d'une mission onusienne, ou d'un autre mandat. D'un côté pour les mandats qui ne concernent pas le maintien de la paix, le postulat est qu'une coopération entre les forces d'intervention et les forces armées locales, contribue inévitablement à l'amélioration des capacités opérationnelles de ces dernières. Ainsi, les forces d'intervention s'engagent presque systématiquement dans la formation des forces armées locales et organisent/ participent à des exercices ou opérations conjoints susceptibles de renforcer l'aguerrissement de celle-ci dans les méthodes spécifiquement antiterroristes. D'un autre côté, pour les forces d'intervention disposant d'un mandat onusien dans le cadre des missions de maintien de la paix, le renforcement des forces armées locales prend une forme standardisée sous le nom de Réforme du secteur de sécurité (RSS) dans la doctrine onusienne du maintien de la paix. Le concept, les objectifs et les méthodes de la RSS ne sont pas spécifiquement antiterroristes, en dépit du rôle antiterroriste ponctuel et accidentel que les missions onusiennes de maintien de la paix peuvent être amenées à jouer sur leurs zones d'intervention.

En second lieu, les coûts des interventions militaires extérieures peuvent être définis sur au moins trois registres : selon l'acteur (coût pour les forces d'intervention ; coût pour les forces militaires nationales ; coût pour les populations locales), selon la modalité (coût matériel/humain ; coût sociologique/politique), et selon la temporalité ou le terme (coût immédiat ; coût/dette lointaine). La combinaison de ces trois paramètres de coûts permet d'établir une représentation sinon exhaustive, du moins la plus précise selon les paramètres et les registres pris en compte, afin de permettre une comparaison pertinente avec les avantages identifiés. Dans le cadre de ce chapitre, et dans le contexte spécifique de la lutte antiterroriste, il apparaît utile d'analyser la dimension sociologique/politique du coût supporté par les forces armées locales et la perception de son terme (immédiat ; lointain), du fait des interventions militaires étrangères qui se trouvent de fait ou de droit, dans un rôle antiterroriste.

- Coût sociologique/politique immédiat pour les forces armées locales : un lien social inexistant ou construit sur de mauvaises fondations

Dans le chapitre concernant le mythe de l'État démissionnaire, nous avons évoqué l'importance de la perception par les populations locales, de l'acteur qui occupe les chemins critiques, comme faisant partie des conditions de la loyauté de celles-ci. Ce mécanisme s'applique également en partie à la consolidation du lien social entre les populations locales et les forces armées nationales, en plus de la crédibilité de l'État et sa relation de confiance avec les citoyens. Il part d'un constat central : pour les populations locales, l'opérateur (forces armées nationales, ou forces d'intervention) qui est *vu* au contact direct de la menace terroriste, apparaît comme le seul opérateur valable, indépendamment des modalités – qui peuvent être multiples et complexes – d'une éventuelle coopération avec d'autres acteurs moins visibles. L'exemple évoqué précédemment, de l'accueil triomphal des forces armées françaises, puis de l'ex-président François Hollande à Tombouctou après la libération de la ville, illustre bien ce mécanisme. Il permet par ailleurs de tirer la conclusion partielle selon laquelle l'un des coûts sociologique/politique de la présence de forces d'intervention étrangères à mandat offensif (donc ayant la possibilité d'être *vues* au contact par les populations locales) pour les forces armées locales, est un effritement de leur lien social avec les populations, au profit des forces d'intervention.

Ce coût sociologique/politique pose deux problèmes. Le premier est qu'il s'agit davantage de l'effet pervers d'une stratégie par ailleurs indispensable pour les interventions étrangères : celle qui consiste à créer une offre de sécurité publique immédiatement perceptible sur zone, afin de gagner la confiance et la coopération des populations, et l'acceptation de l'intervention en elle-même[143]. Le deuxième problème est que la consolidation de cette acceptation et de cette relation de confiance se fait au détriment d'autres acteurs – en l'occurrence, les forces armées nationales – et crée encore plus de demande de la force d'intervention chez les populations locales. Il en résulte donc un risque de *substitution* de la force d'intervention aux forces armées nationales ; substitution qui, selon la perspective des forces étrangères, s'appellerait plutôt *enlisement*, entraînant sur le moyen-long terme, l'incapacité pour les forces armées locales, de consolider une doctrine militaire.

Encadré 6 : Risque de substitution/ enlisement : distinguer les fonctions de police des fonctions antiterroristes

Les forces d'intervention étrangères, qu'elles agissent sous mandat onusien ou sous d'autres mandats, ont souvent gardé comme objectif impératif d'éviter la substitution aux forces locales de sécurité. Depuis (au moins) les opérations onusiennes au Kossovo et en Bosnie entre le milieu et la fin des années 1990 la nécessité d'accompagner la montée en puissance de forces de sécurité locales (en l'occurrence les forces de police) est devenue un objectif stratégique systématique, même si elle est appliquée différemment dans les deux contextes[144]. Dans le cadre des missions onusiennes, la Réforme du secteur de la sécurité (RSS) est conçue pour répondre à cette nécessité, et entre pleinement dans les actions de reconstruction post-conflit. Elle implique la création de forces de police et de forces armées, ou leur réforme selon les contextes, afin de les rendre capables d'assurer leur rôle dans l'administration judiciaire, la sécurité des populations et la défense du territoire.

La question d'un risque de substitution ne se pose donc pas a priori dans les termes (montée en puissance des forces armées et de police locales) déjà pris en compte par les forces d'intervention présentes sur le continent. Cependant, il apparaît encore que dans de nombreux contextes d'opération en Afrique, la fonction spécifiquement antiterroriste demeure facilement sujette à substitution. En premier lieu parce que les opérations de lutte antiterroriste sont des opérations spéciales qui sortent souvent du champ des actions classiques des forces de police ou de troupes militaires, et en second lieu parce qu'il apparaît que la conceptualisation stratégique de la lutte antiterroriste reste un processus en pleine évolution, dont les acquis tactiques sont plus facilement intégrables par des unités professionnelles et déjà bien formées par ailleurs, ce qui n'est pas toujours le cas des forces militaires ou de police locales dans les contextes d'intervention. Il en résulte que le risque de substitution de la fonction antiterroriste au moins, reste sérieux dans les interventions étrangères avec mandat antiterroriste de fait ou de droit.

- Coût sociologique/politique de moyen-long terme pour les forces armées locales : l'inexistence d'une doctrine militaire nationale consolidée et cohérente

Une doctrine militaire nationale peut être définie comme un ensemble d'orientations stratégies, de règles tactiques, de logiques d'action, et d'encadrements juridiques-légaux, politiques et sociaux, qui offrent une *forme* et une *éthique* prédictible aux forces militaires d'un pays, et rend leur action habituelle souhaitable (ou tolérable au pire des cas) dans les contextes où elles doivent intervenir. Il s'agit d'un élément capital dans la construction et le renforcement d'un lien social, ou d'un partenariat sain entre les forces armées nationales et les populations, d'autant plus dans les régions du territoire où les militaires sont amenés à conduire des opérations offensives régulières.

Ainsi que nous le rappelions précédemment, pour les populations locales sur zone, les soldats des forces armées nationales et les opérateurs des groupes terroristes ou autres groupes armés, ont bien plus de points en commun dans la pratique que de points de divergence. Les actions des uns et des autres, de même que leur confrontation, exercent une pression a priori inacceptable sur les populations – qui n'ont en règle générale, ni le droit ni les moyens de prendre les armes pour leur propre défense – ; et il n'y a aucun obstacle physique à ce qu'une balle tue un civil désarmé et non menaçant, que celle-ci soit tirée par un militaire ou un terroriste. La seule protection dont peuvent disposer les populations locales dans ce contexte, est l'existence d'une doctrine militaire, obstacle préventif pour ainsi dire, qui réduit le risque même qu'une balle soit tirée par un militaire, dans des conditions où elle pourrait toucher un civil désarmé et non menaçant.

Lorsqu'elles s'installent et agissent par substitution aux forces armées nationales dans la fonction antiterroriste, les forces d'intervention étrangères privent ces dernières du principal matériau nécessaire à la consolidation d'une doctrine militaire : le contact. Au-delà de sa définition militaire (l'engagement du feu entre deux adversaires), le contact s'étend à la présence combattante sur zone, puisque cette présence est d'ores et déjà source d'interactions pacifiques ou hostiles avec les acteurs locaux. Dans l'hypothèse de la substitution, cette présence même est progressivement abandonnée aux forces d'intervention dont le mandat antiterroriste est moins coûteux que celui de la formation et de l'équipement (au moins) d'unités spéciales antiterroristes efficaces au sein des forces armées nationales. Or il apparaît que les autorités militaires peuvent difficilement consolider une doctrine militaire sans les leçons progressives tirées et compilées à partir des retours d'expérience successifs aux épisodes de contact de leurs troupes.

La maturation de la philosophie sécuritaire et du concept de force publique dans les États du continent affectés par l'activité des terrorismes nécessite donc au-demeurant, de renforcer et d'accompagner l'émergence de forces militaires nationales crédibles, c'est-à-dire professionnelles (apolitiques), et responsables. Dans les contextes de crise sécuritaire aiguë, les populations locales ont davantage besoin d'opérateurs dont l'action est encadrée par des règles prédictibles, capables d'empêcher les abus ou offrant des voies de recours et de justice préalablement définies et totalement lisibles, le cas échéant. Car si la sécurisation du territoire, des personnes et des biens, entre dans les fonctions militaires et de police de l'État, il apparaît que la construction et la consolidation de la paix nécessitent une implication directe des populations au tout premier plan.

La sécurisation une affaire d'État, la paix sociale une affaire de populations

La plupart des méthodologies de consolidation institutionnelle des États répondent globalement à deux principes. Le premier est celui du renforcement d'institutions dépersonnalisées ayant un fonctionnement continu et crédible dans un cadre réglementaire et légal clairement défini, et le second est l'amélioration de la capacité de l'État à fournir les services publics de base – santé, éducation, et sécurité notamment. Ce dernier service public, la sécurité, est le plus problématique dans le contexte des États africains confrontés à l'activité des terrorismes de la deuxième génération. D'abord parce qu'il pose un défi structurel aux secteurs de sécurité et de justice, auquel peu de pays du continent avaient été confrontés depuis les indépendances : celui de conduire des missions de sécurité intérieure (le contreterrorisme étant avant tout une mission de police) contre une menace qui nécessite une plateforme multidisciplinaire et cohérente de capacités, militaires, judiciaires, de police, et de renseignement humain (HUMINT)... Ensuite parce qu'il présente un caractère politique marqué puisque les rhétoriques d'enrôlement et de légitimation des groupes terroristes exploitent quasi-systématiquement les échecs des États dans de nombreux domaines de la vie économique et sociale d'une part et des chaînes religieuses ou communautaires de loyauté qui sont rarement circonscrites au territoire d'un seul État d'autre part. Et enfin parce que l'intensité et l'acceptabilité de la menace au niveau local-communautaire présente en général de fortes variations à travers les territoires des États concernés, nécessitant le plus souvent, un renouvellement constant du partenariat entre l'État et les populations locales.

Ces trois défis de la fonction de sécurisation traditionnellement reconnue aux États, permettent de mettre en évidence l'importance capitale des populations locales (et de la société plus généralement) dans la fonction de pacification. Ainsi que nous le verrons en détail plus loin, il s'agit à plusieurs égards, d'un abus de langage de considérer les États modernes africains comme garants de la paix sociale, tout comme c'est un piège tentant et dangereux de laisser les populations assurer des fonctions de sécurité. La mission des premiers est la sécurisation de tout leur territoire, des populations qui y vivent et des biens qui y sont échangés ou possédés ; tandis que les secondes sont les véritables garantes de la paix sociale. C'est tout le sens du partenariat entre l'État et les populations, dans le registre de la lutte contre les terrorismes : la force publique, bras armé de l'État assure un rôle de protection de paix sociale à travers ses actions de sécurisation, tandis que les populations garantissent la construction et la consolidation constante de celle-ci, sur le temps long. Mais même si les deux acteurs peuvent (et doivent) s'accompagner mutuellement dans leurs fonctions respectives, la confusion des parts est ici la principale menace qui pèse sur l'ensemble du mécanisme, en ce qu'elle joue toujours en faveur de la dynamique terroriste.

L'immédiateté tactique *de la fonction de sécurisation*

L'une des caractéristiques saillantes de la fonction de sécurisation des territoires telle qu'assurée par la force publique, est son immédiateté tactique. Il s'agit de la rencontre nécessaire entre un impératif temporel de résultats (l'immédiateté), et un registre méthodologique (tactique) qui se distingue du temps de la planification (le temps stratégique). Dans la pratique, la sécurisation implique donc le déploiement d'unités militaires ou de police, destinées à conduire des actions dont les objectifs clairement définis – démanteler un gangs dans une région donnée par exemple, ou arrêter un groupe de trafiquants… – amènent à adopter des tactiques spécifiques.

Les unités militaires ou de police sont à leur place dans ce rôle. D'une part parce qu'elles sont formées et entraînées dans ce but entre autres, et d'autre part parce que la définition de ces objectifs tactiques sort du champ plus général de la planification stratégique qui relève à la fois du haut commandement et des décideurs politiques. C'est pourquoi l'on s'attend couramment ici à des résultats précis et relativement immédiats des missions de sécurisation (par exemple : tous les membres du gang visé ont été arrêtés et traduits en justice/tués dans l'action, ou l'activité des trafiquants est désormais impossible parce qu'elle est devenue trop risquée pour eux…).

Ainsi que nous l'avons brièvement évoqué précédemment, le fait que les missions liées à la fonction de sécurisation des territoires s'inscrivent dans le registre tactique, les différencie clairement du temps stratégique, celui de la planification. C'est à ce dernier niveau que doit intervenir la coopération des populations. En effet, la planification stratégique se fait à travers un dialogue entre d'un côté les autorités politiques qui définissent leurs objectifs en ce qui concerne la sécurisation du territoire, et d'un autre côté le haut commandement militaire et/ou de police qui replace ces objectifs politiques dans le champ des capacités militaires et/ou de police existantes, et les hiérarchise afin de les détailler en objectifs tactiques.

Il appartient donc aux décideurs d'intégrer les populations locales dans ce processus au niveau politique. Cela peut se faire par la consultation de ces dernières sur ces objectifs politiques, afin de gagner leur coopération sur le principe de l'action. Dans le contexte de démocratie électorale commun à plusieurs pays du continent, cette étape se résume dans la pratique en promesses de campagne plus ou moins vagues, généralement sans aucun détail sur les actions et éventuellement les sacrifices qu'impliquera leur réalisation. Il en résulte un dilemme politique récurrent : si ces promesses étaient réalisées, elles provoqueraient la frustration des populations parce qu'elles n'y verraient que les sacrifices que l'on ne leur avait pas annoncés, alors que si elles n'étaient pas réalisées, les populations se sentiraient tout aussi frustrées et trahies parce qu'elles auraient accordé leur suffrages sur une base finalement inexistante.

La construction et la consolidation de la paix sociale : un engagement sur le temps long, au niveau communautaire

Contrairement au caractère immédiat des résultats attendus de la sécurisation, la consolidation de la paix sociale est un processus qui s'étend sur le temps long et nécessite l'implication des populations jusqu'au niveau communautaire. La nécessité d'une telle implication tient sur un pilier théorique et un constat pratique. En premier lieu, c'est au niveau local et communautaire que les méthodes de prévention et de gestion proactive des conflits peuvent avoir l'effet le plus efficace, de même que les mécanismes à base communautaire de résolution des conflits. En effet, l'homogénéité (ethnique, corporatiste ou territoriale) des structures communautaires de base – villages, hameaux – permet au moins théoriquement, à tous les acteurs de se reconnaître dans un ou plusieurs mécanismes de prévention ou de résolution des conflits à échelle réduite, que ces mécanismes appartiennent à un ordonnancement judiciaire moderne ou plus traditionnel.

Ainsi par exemple, plusieurs communautés au Tchad, au Soudan et au Soudan du Sud, pratiquent la règle coutumière de la *dia* (règle dite du « prix du sang ») : compensation en têtes de bétail pour un crime – souvent un meurtre) comme mécanisme de justice communautaire dans des zones de faible pénétration de la justice administrative. Si dans certaines régions notamment au Soudan du Sud, cette coutume est incorporée à la pratique judiciaire, elle reste largement informelle. Cependant, la principale question liée à ces mécanismes communautaires de prévention et/ou de gestion des conflits au niveau local est moins leur légalité ou leur statut par rapport à la pratique judiciaire courante, que leur capacité effective à devenir source de droits et d'obligations reconnus par les populations locales. Elles deviennent à ce titre des leviers importants sur lesquels la justice administrative peut s'appuyer puisqu'elles sont plus susceptibles d'emporter l'adhésion des populations. De même au Mali, les associations culturelles dogon Dina Dogon, et peule Tabital Pulaaku (entre autres) renouvellent des initiatives (communes ou séparées) régulières de sensibilisation pour la paix à travers le pays. Il s'agit d'un engagement sur le temps long, mais c'est surtout l'un des moyens les plus efficaces et à la portée des populations et de la société civile, pour construire une culture de confiance et de cohésion entre communautés.

En second lieu, la nécessité d'une implication au niveau communautaire dans la construction de la paix sociale, relève du constat que dans la pratique, les principales victimes du terrorisme sur le continent africain en termes de nombre de morts et de blessés, sont les populations civiles souvent habitant en petites communautés vulnérables, en milieu rural. Le Global Terrorism Index, une base de données des acteurs terroristes et de leurs victimes, maintenue par l'Institut pour l'Économie et la Paix (Institute for Economics and Peace), relève ainsi 45.102 personnes tuées dans des actions terroristes sur le continent Africain entre 2002 et 2018[145]. En recoupant ces données avec les données issues de la base de données de Stake experts, nos calculs permettent de déterminer qu'en 2018, plus de 60% de ces victimes du terrorisme habitaient des zones rurales au moment des attaques[146]. Par ailleurs, il est utile d'ajouter le caractère sociologique des groupes terroristes actifs sur le continent : leurs combattants sont issus des communautés locales – ou de communautés voisines – offrant à la fois des leviers pertinents de pression/négociation au niveau communautaire.

C'est, dans tous les cas, sur le temps long que s'inscrivent la construction et la consolidation de la paix sociale, et ses artisans de premier plan ne sauraient être autres que les populations elles-mêmes agissant au niveau local et communautaire. Ceci offre somme toute, une passerelle de coopération saine entre celles-ci et les forces armées ou de police. D'un côté, l'accompagnement de la force publique est nécessaire pour la sécurisation, et pour empêcher ou dissuader l'action d'éventuels spoilers, tandis que les populations locales renforcent les mécanismes communautaires susceptibles de consolider la paix et la cohésion. Un empiètement de l'un des acteurs sur le champ d'action de l'autre peut devenir préjudiciable ou contreproductif, comme c'est le cas des groupes et milices d'autodéfense qui transfèrent de fait la fonction de sécurisation au niveau communautaire.

La confusion des parts et l'émergence des groupes et milices d'autodéfense : le piège ultime de la communautarisation de la violence terroriste

Les populations locales dans plusieurs pays du continent affectés par les terrorismes, estiment insuffisantes les garanties apportées par leurs États en matière de sécurité et de sûreté des

173

personnes, des biens et des territoires. Un rapport de 2017, publié par le Bureau régional Afrique du Programme des Nations Unies pour le Développement (PNUD) livre des résultats très intéressants à ce sujet. Au bout d'une enquête menée auprès d'un peu plus de 700 personnes – dont 495 étaient des terroristes repentis au moment de l'interview – au Cameroun, au Kenya, au Niger, au Nigeria, en Somalie et au Soudan, le PNUD a relevé que 79% des répondants estimaient que l'État assurait mal ou n'assurait pas du tout ses fonctions dans les catégories « Sécurité face aux ennemis extérieurs » et « Sécurité quotidienne »[147].

L'une des conséquences de ce sentiment si largement partagé au niveau des communautés, a été l'émergence – ou la réémergence dans certains cas – de groupes ou milices d'autodéfense, avec le soutien ou l'acquiescement des États. Ce phénomène procède de deux facteurs. Premièrement, une mauvaise compréhension des termes et limites de la coopération entre forces armées et de police a poussé certains États à soutenir ou à permettre la création de groupes ou milices d'autodéfense communautaires, comme une extension de la présence de l'État dans les territoires les plus éloignés des centres de décision[148]. En second lieu, au niveau communautaire, l'offre faible – ou parfois inexistante – de sécurité publique, a poussé les populations à s'organiser en groupes ou milices d'autodéfense, sur la base de structures nouvelles ou de mécanismes traditionnels/ coutumiers préexistants. Dans les deux cas cette forme de décentralisation de la fonction de sécurisation représente l'un des pièges des terrorismes, sur les plans communautaire, administratif et sécuritaire.

D'abord au niveau communautaire, les structures de base étant, nous l'avons dit, relativement homogènes (d'un point de vue ethnique, corporatiste ou territorial), l'émergence de groupes d'autodéfense communautaires induit presque systématiquement une communautarisation de la mission de sécurisation que ceux-ci se donnent, et par conséquent, de la violence quasi inévitable qui en résulte. C'est sans doute l'une des influences les plus dévastatrices de l'existence et de l'activité des groupes et milices d'autodéfense communautaire, sur la paix sociale, et le vivre ensemble : une milice ou un groupe d'autodéfense est par essence relié à une communauté (une ethnie, corporation, un territoire…) En se donnant le droit à exercer la violence – même dans des fonctions d'autodéfense –, elle imprime par le fait même, un caractère fondamentalement communautaire (ethnique ou corporatiste) à cette violence, ce qui dans de nombreux cas, dévie inévitablement la représentation de l'ennemi sur des bases tout aussi communautaires.

Ce mécanisme a été particulièrement à l'œuvre depuis le début de l'année 2018 au Mali et au Burkina Faso. L'implication de deux milices d'autodéfense – les chasseurs Dozos plus généralement, et Dana Amassagou (au Mali) – dans la lutte armée contre les terrorismes, a eu pour principal effet, une désignation biaisée de l'ennemi (pour ces milices, les populations peules sont toutes des terroristes ou des complices). Il en résulte un cycle de violences communautaires récurrentes[149] qui correspond à deux des ambitions des terrorismes : d'une part, exacerber les sources de frustrations (quelque soit leur origine) afin de se constituer un bassin de recrutement toujours plus large, et d'autre part donner du crédit à leur principale rhétorique de légitimation qui consiste à défendre les populations *(nous)* contre un état prédateur ou inopérant *(eux)*.

Ensuite au niveau administratif, l'existence au niveau communautaire d'acteurs capables et/ou autorisés à assumer une part de la force publique conduit à une plus grande vulnérabilité de l'État et à une fragmentation de la citoyenneté. En effet, même s'ils sont tolérés ou soutenus par les gouvernements, ces groupes ou milices d'autodéfense sont rarement sous le contrôle effectif de ceux-ci. Au contraire, ils adoptent généralement des chaînes de commandement autonomes qui leur permettent d'établir des zones de contrôle quasi exclusives, et ainsi d'acquérir et de consolider les ressources nécessaires à plus d'autonomie (par l'établissement de systèmes de taxation parallèles ou le contrôle de ressources entre autres). Ainsi, non seulement le monopole étatique de la violence légitime est fragmenté, mais le contrôle effectif de l'État sur l'ensemble du territoire n'est lui-même que théorique. Les États n'en sortent que plus fragilisés, incapables de bâtir une quelconque crédibilité aux yeux de leurs citoyens puisqu'ils ne sauraient préserver celles-ci des abus de toute sorte, ni même rendre la justice de façon efficace et impartiale[150].

Enfin et plus généralement, au niveau sécuritaire, même s'il collaborait en toute bonne foi avec l'État et les forces armées et de police, la création d'un groupe ou milice d'autodéfense fait peser plus de menaces sécuritaires qu'elle n'en résout sur le moyen-long terme. Ces menaces se situent à la fois dans le registre de la sécurité interne et de la criminalité d'un côté, et de la sécurité extérieure des États d'un autre côté. L'exemple de l'évolution des milices armées centrafricaines du début des années 2000 (qui ont connu plusieurs modulations de leurs dénominations entre 2000 et 2018 tout en gardant relativement les mêmes bases structurelles et de combattants), ou des principaux groupes armés ayant pris part aux deux guerres du Congo, démontre que les groupes ou milices communautaires maintiennent généralement des liens presque systématiques avec la grande criminalité. S'ils ne deviennent pas eux-mêmes des acteurs du crime organisé, des alliances de circonstance et de pragmatisme avec les milieux criminels leur permettent de s'assurer entre autres l'accès continu aux ressources nécessaires à leur survie et à l'entretien de combattants ou ex-combattants ayant échappé aux divers processus de désarmement. Au Liberia, la thématique des ex-combattants des deux guerres civiles des années 1990 et 2000 est même devenue un débat de sécurité intérieure récurrent à toutes les élections présidentielles, puisque ces ex-combattants ont continué à alimenter les réseaux criminels en temps de paix[151].

Par ailleurs, le risque de transformation d'anciens groupes ou milices d'autodéfense communautaires en groupes de mercenaires, est une menace bien réelle à la sécurité extérieure des États et à la stabilité des sous-régions. Les exemples historiques de groupes armés utilisés comme milices de mercenaires pour déstabiliser un pays voisin sont nombreux à travers le continent[152]. Ainsi que l'explique Anders Themnér, de l'Institut nordique pour l'Afrique[153] la reconversion d'anciens groupes armés en *courtiers[154]* de l'insécurité régionale fait partie des stratégies de survie adoptées par ceux-ci en temps de paix[155].

États des terrorismes et terrorismes d'État

Mener une lutte efficace contre les terrorismes sur le continent africain nécessite un arbitrage soigneux des moyens et des stratégies, tant les pièges soulevés dans les chapitres précédents sont périlleux et exploitent des faiblesses structurelles préexistantes chez la plupart des États du continent. De même, la difficulté d'une telle lutte est exacerbée par la forme changeante et de plus en plus hybride de la menace d'origine terroriste. D'un côté, les terrorismes de la seconde génération s'attaquent, nous l'avons dit, davantage à des cibles stratégiques, et d'un autre côté, leur relative indépendance idéologique autorise désormais des alliances avec des structures criminelles locales dont ils sont capables d'exploiter les ressources et la connaissance de l'environnement physique, sociologique et politique. Au moins deux impératifs s'imposent aux gouvernements à ces égards, pour planifier et administrer des actions pertinentes de lutte contre les terrorismes en contextes africains : une connaissance évolutive de la menace d'une part, et une bonne compréhension d'autre part, des schémas de contre-productivité qui décrivent les limites du *trop* ou du *trop peu* dans le choix des outils et méthodes de lutte.

En premier lieu, les états des terrorismes de la seconde génération sont fondamentalement changeants, et leurs menaces se situent à des niveaux de plus en plus nombreux et variés. L'ère d'une influence seulement politique des groupes terroristes et de la primauté de leurs messages/ revendications sur toute autre considération (notamment économique et sociologique) apparaît bien lointaine. Il est désormais plus courant que les groupes terroristes recherchent à la fois une présence politique de leur message/ revendication, mais aussi une connexion plus étendue avec les structures locales susceptibles de donner plus d'envergure à celui-ci, et un accès continu aux ressources nécessaires à leur activité violente. C'est l'une des raisons pour lesquelles depuis les exemples relativement réussis du groupe nigérian Boko Haram entre 2012 et 2014, la stratégie de l'occupation (même temporaire) de petites portions de territoires, a été répliquée par d'autres groupes notamment dans le Sahel et plus récemment au Mozambique – sans compter la Somalie où elle existe depuis plus longtemps, quoiqu'elle y obéisse à des dynamiques sensiblement différentes.

Cette connaissance évolutive des états de la menace, représente une première étape utile à un arbitrage plus clairvoyant des outils de lutte antiterroriste adoptés par les États du continent. Dans un contexte général, et en contrôlant tous les autres facteurs par ailleurs, la pertinence et l'efficacité d'une politique publique peuvent être définies par l'équilibre entre trois éléments essentiels : l'opportunité, le coût, et la prédictibilité (c'est-à-dire la capacité à produire les résultats anticipés). Ce principe, qui demeure valable dans le contexte de la lutte antiterroriste, est toutefois soumis à un poids surdimensionné des autres facteurs évoqués précédemment. Il peut s'agir de facteurs sociaux : l'intersection entre discours des groupes terroristes et revendications locales historiques par exemple ; de facteurs économiques : l'incapacité pour l'État de proposer une alternative crédible à la viabilité du modèle économique que les groupes terroristes proposent à leurs recrues ou sympathisants ; ou de facteurs politiques comme l'existence d'une priorité politique à la lutte contre le terrorisme par rapport à d'autres objectifs possibles (le renouvellement d'un mandat de chef d'État, la déstabilisation de la base d'un concurrent politique, etc.) Dans tous les cas, ces facteurs déterminent souvent les limites (du trop ou du trop peu), choisies par les décideurs dans leurs outils et actions de lutte antiterroriste.

États des terrorismes : comprendre la menace et trouver des réponses adaptées

Comprendre la structure de la menace sécuritaire que font peser les terrorismes de la deuxième génération est une étape importante dans la définition de réponses adaptées efficaces. Au-delà d'une compréhension théorique largement intégrée dans les discours officiels, la démarche ici consiste davantage à entrer dans le schéma structurel de la menace. Cela implique de répondre à des questions sur par exemple les cibles territoriales ou communautaires les plus couramment visées, ou encore le rapport entre objectifs tactiques et stratégiques dans les choix habituels de ces cibles. Il sera ainsi possible de mettre ces informations en miroir avec certaines des réponses nationales ou multilatérales déjà existantes, afin de relever ainsi les marges possibles d'amélioration.

Mais avant tout, il serait intéressant de revenir sur plusieurs défauts structurels communs aux terrorismes de la deuxième génération. Ainsi que nous l'avons analysé dans la première partie de cet ouvrage, les terrorismes africains de cette génération expansionniste se distinguent fondamentalement par deux éléments que sont d'une part leur plus grande indépendance idéologique par rapport aux terrorismes mondiaux, et d'autre part, une structure opérationnelle plus composite et effectuant plus facilement des connexions avec les écosystèmes criminels nationaux et régionaux. Cette

181

structure porte pour ainsi dire, deux défauts de fabrication qu'il est possible d'identifier au niveau social et opérationnel.

En premier lieu, l'émancipation idéologique des terrorismes africains de la deuxième génération par rapport aux terrorismes mondiaux crée désormais pour eux, la contrainte d'une *validation par le bas*, de leurs revendications et agendas politiques. En d'autres termes, en se libérant de leur dépendance idéologique à la mouvance terroriste mondiale, ils perdent par le même fait, la source de légitimation principalement extérieure (par le haut) qui caractérisait cette forme d'affiliation. En effet, plusieurs études démontrent qu'au niveau local, les succès des terrorismes dépendent en grande partie d'une légitimation de leurs revendications par une partie de l'opinion publique[156]. Pour les terrorismes africains de la première génération survivaliste, cette légitimation était en quelque sorte obtenue par extension en raison de leurs liens idéologiques forts avec leurs partenaires mondiaux. C'est moins le cas pour les terrorismes de la deuxième génération. C'est pourquoi ces derniers doivent créer leurs propres sources de légitimation au niveau local. Il en résulte une hyper-dépendance à la validation ou légitimation d'origine sociale locale.

Ainsi par exemple, après l'attentat du 3 septembre 2019 dans lequel 14 civils ont été tués lorsque leur bus de transport a sauté sur une mine près de la ville de Douentza (centre du Mali), le Groupe de Soutien à l'Islam et aux Musulmans (JNIM-GSIM) s'est empressé de « s'excuser » et de présenter des condoléances aux familles des victimes, indiquant que cette mine visait les militaires français de l'opération Barkhane. De même, depuis au moins 2008, le groupe somalien Al Shabaab organise chaque année, une cérémonie publique de distribution de la *Zakat* (l'aumône aux pauvres, l'un des 5 piliers de l'Islam) au cours de laquelle les membres du leadership distribuent de l'argent liquide à des familles. En 2019, le 13 septembre, cette action s'est même déroulée à Mogadiscio, la capitale somalienne en présence de 150 familles bénéficiaires selon les chiffres donnés par le leadership du groupe, et relayée par les médias (radios notamment) contrôlés par le groupe. Fait encore plus récent, dans le contexte la pandémie de la Covid-19, Al Shabaab a été l'un des premiers (et des seuls) groupes terroristes du continent à créer un comité de réponse, et un centre de prise et charge des personnes infectées dans l'un de ses bastions dans la ville somalienne de Jilib. Ces actions de communication ne sont pas anodines. Elles démontrent la nécessité pour ces groupes terroristes d'obtenir et de conserver cette légitimation sociale par le bas, et leur compréhension de cette dynamique de dépendance.

En second lieu, l'existence de nombreuses interactions au niveau opérationnel entre les groupes terroristes de la deuxième génération et les écosystèmes criminels nationaux ou régionaux a pour conséquence majeure de fragiliser la structure économique des groupes terroristes, soumise aux termes divers et variables de « partenariats » de circonstance avec des réseaux criminels. Il ne s'agit évidemment pas de partenariats exclusifs (même si après la prise du port de Kismayo au début des années 2010, le groupe somalien Al Shabaab aurait par exemple passé des accords avec les groupes de pirates du golfe d'Aden pour collecter 20% de leur butin[157], il a aussi poursuivi les méthodes plus classiques de taxations illégales directement collectées auprès des populations dans les zones qu'il contrôle[158]) en revanche, l'existence de ces liens économiques et la possibilité pour les gouvernants d'effectuer une pression sur les principaux nœuds des réseaux ainsi créés pourraient avoir une influence dévastatrice sur l'ensemble de la structure de financement.

Les paliers de la menace terroriste sur le continent africain

Les dimensions de la menace terroriste classique sur les pays du continent africain sont très diverses, et présentent des variations sensibles d'un État à l'autre. Ainsi par exemple, si Boko Haram au Nigeria menace avant tout la consolidation du contrôle territorial des gouvernements sur les régions touchées, les groupes actifs au Mali et au Burkina Faso semblent avoir une approche tournée vers la scission du territoire, alors qu'Al Shabaab souhaite contrôler administrativement et politiquement la Somalie entière, comme État musulman gouverné selon sa compréhension de la loi musulmane. Ces variations n'empêchent cependant pas d'établir des constances et des régularités au niveau opérationnel. En effet, contrairement à la tendance fortement individualisée dans la grande criminalité aux niveaux nationaux, il apparaît que les terrorismes sur le continent sont davantage perméables aux phénomènes de *mode* ou de *vague* dans leurs tactiques, le choix de leurs cibles, et même la structuration de leurs unités de base.

Ces phénomènes de mode peuvent s'expliquer de plusieurs manières. D'abord, les terrorismes de la deuxième génération sont, faut-il le rappeler, les héritiers d'une première génération plus largement centralisée, tributaire d'un ou deux partenaires mondiaux qui donnaient l'orientation. Cette influence verticale a pu faciliter l'effet de mode dans les relations de coopération/ compétition qui caractérisent les nouvelles relations horizontales introduites par la deuxième génération. Une autre explication peut être que l'existence continue de possibilités de

« sous-traiter » la violence terroriste au profit des terrorismes mondiaux – qui n'ont pas disparu du paysage politique et sécuritaire à la fin de la première génération – induit plus facilement une forme de *standardisation* informelle de certaines méthodes et tactiques. Enfin, dans les régions où cohabitent plusieurs groupes terroristes (le Bassin du Lac Tchad, ou le Sahel par exemple) il a été observé une tendance des combattants individuels ou unités combattantes, à changer fréquemment d'allégeance ou à commettre des attaques pour ensuite les revendiquer au nom d'un autre groupe terroriste rival, créant ainsi une répétition des tactiques. Ce dernier scénario a été particulièrement courant entre décembre 2018 et mars-avril 2019, au plus fort de la guerre de leadership au sein de l'ISWAP (Wilayat Gharb Ifriqiyah, État Islamique en Afrique de l'Ouest)[159].

Quoi qu'il en soit, les régularités et constances favorisées par cet effet de mode permettent de parvenir à une compréhension fonctionnelle de la forme et du contour de l'activité et de la menace terroriste sur le continent africain.

- Une menace territoriale : les zones rurales et les zones grises frontalières vulnérables

Au cours de l'année 2019, plus de 70% des attaques terroristes sur le continent ont eu lieu en zone rurale, dont une grande majorité dans des zones frontalières. Au cours du premier trimestre 2020, ce taux atteignait les 80% pour les zones rurales, dont plus de la moitié dans des zones frontalières[160]. Ces taux révèlent un aspect territorial prononcé de la menace et de l'activité terroriste sur le continent : la préférence pour les zones rurales et les zones frontalières. En dehors de la Somalie dont la capitale Mogadiscio et plusieurs centres urbains sont régulièrement la cible d'attaques du groupe Al Shabaab, les capitales africaines sont relativement épargnées. Leur statut de siège du gouvernement et des forces armées et de police en général, en fait des cibles particulièrement difficiles à atteindre d'une part, et ce statut encourage les décideurs à y renforcer la sécurité et la stabilité d'autre part. De même pour les groupes terroristes, en dehors de rares attaques spectaculaires (Abidjan en mars 2016, Hotel du Radisson Blu de Bamako en novembre 2015, Ouagadougou en janvier 2016, août 2017 et mars 2018), l'intensité de l'exposition médiatique que leur procurent de telles attaques s'accompagne d'un coût humain et logistique souvent élevé. Ceux-ci concentrent donc leurs attaques sur les zones rurales et les zones peu protégées, difficiles d'accès, et vulnérables.

Par ailleurs, le fait qu'ils ciblent moins régulièrement les capitales par des actions violentes, ne signifie pas que les terrorismes ne s'y intéressent pas. Entre 2018 et 2019, plusieurs informations (provenant essentiellement de sources médiatiques, de sources officielles, et de témoignages) collectées et analysées par Stake experts, permettent d'avancer que des capitales stables pourraient avoir une forme d'utilité pour les groupes terroristes dans le Sahel en particulier. Ceux-ci les utiliseraient comme plateformes pour leurs échanges financiers et leurs activités de trafic. Cette dynamique de la menace est importante et généralement peu prise en compte : l'intensité de l'action violente telle que décrite précédemment dans les zones rurales et frontalières, se nourrit en partie de la « vitalité économique » largement plus discrète et moins facilement traçable des financiers (conscients ou inconscients) des terrorismes en zones urbaines et dans les capitales stables[161]. Il faut rappeler à ce titre par exemple que Mokhtar Benmokhtar, l'ancien chef d'Al Qaïda au Maghreb Islamique

(AQMI), devait l'essentiel de sa prospérité et de celle d'AQMI sous son leadership, à la contrebande de cigarettes dont il contrôlait une partie des routes de trafic (ce qui lui a valu le surnom *Mister Malboro).*

- Menace communautaire : les populations économiquement vulnérables, les jeunes et les femmes

Les populations économiquement vulnérables, les jeunes et les femmes, apparaissent comme des cibles privilégiées dans la mécanique terroriste[162] sur le continent africain, à la fois comme cibles d'attaques, et vivier de recrutement. Les résultats du rapport du PNUD de 2017, Journey to extremism in Africa, sont à ce titre, révélateurs. À la question « que faisiez-vous lorsque vous avez intégré l'organisation [terroriste] (ou au moment de l'interview) », 42% des interviewés dans l'échantillon de ceux qui ont rejoint volontairement un groupe terroriste, répondaient être sans emploi (et 55% donnaient la même réponse dans l'échantillon de ceux qui ont été forcés de rejoindre un groupe terroriste)[163]. Même si elle n'est pas le seul moteur de recrutement dans les groupes, la question du chômage des jeunes apparaît comme un levier important utilisé par ceux-ci. Dans certains pays du continent, ce tableau est particulièrement aggravé par un probable effet pervers de politiques publiques gouvernementales par ailleurs légitimes. Ainsi en 2018 par exemple, le gouvernement du Niger a lancé un vaste programme d'assainissement du secteur minier, conduisant notamment à la fermeture de plusieurs sites d'orpaillage illégaux autour du plateau du Djado (près de la frontière algérienne) et près de Tchibarakaten (dans la région d'Agadez). Une note d'information du Small Arms Survey estimait en 2017, à « au moins 15 000 », le nombre de mineurs employés sur ces sites[164]. Sans mesure d'accompagnement adéquat à leur réinsertion (aucune preuve ne nous permet d'avancer qu'il y en a eu), il est possible que ces milliers de mineurs soient devenus encore plus vulnérables que dans leur position de départ, et des cibles d'autant plus faciles du recrutement des groupes terroristes.

Même l'on connaît relativement bien leur implication et leur rôle dans les processus de ravitaillement de certains groupes terroristes du continent, la question des femmes s'est en particulier imposée au centre des discussions lorsque le groupe nigérian Boko Haram a commencé à utiliser celles-ci comme vectrices de la violence terroriste après 2015. Dans de plus en plus de scénarios d'attaque, des femmes ou de jeunes adolescentes chargées de ceintures d'explosifs et se sont fait exploser près des cibles. Plusieurs témoignages et analyses permettent d'établir qu'un grand nombre de ces femmes et jeunes adolescentes sont des victimes, forcées de commettre ces attentats-suicides, puisqu'elles éveillent moins la vigilance. En revanche il existe peu d'informations sur la possibilité que certaines d'entre elles agissent de leur plein gré. En juin 2019, après un attentat-suicide déjoué lorsqu'une une jeune femme a été empêchée de faire exploser sa ceinture dans la région de Ceilia (Lac Tchad, côté tchadien), l'interrogatoire avait révélé que la suspecte était radicalisée et agissait en pleine conscience. Si parmi les femmes utilisées par les groupes terroristes, certaines agissent de leur plein gré et sont radicalisées, ceci suscite deux interrogations : d'une part quelle est l'ampleur du phénomène, et d'autre part quelles réponses sensibles au genre est-il possible d'imaginer ? Ce sont des pistes d'analyse qu'il est désormais nécessaire d'approfondir dans les politiques publiques de lutte antiterroriste.

- Ressources humaines : un nombre conséquent
  d'opérateurs qualifiés

Il est apparu de plus en plus évident, comme nous l'évoquons en première partie de cet ouvrage, que les terrorismes de la deuxième génération opèrent un choix de leur cible de plus en plus gouverné par des intérêts stratégiques davantage que par les idéologies. Ce constat permet d'établir au moins deux caractéristiques de la menace terroriste sur le continent, porteuses de conséquences interreliées au niveau des politiques publiques de lutte antiterroriste (comme nous le verrons dans le chapitre suivant) : le renforcement des compétences militaires/stratégiques spécialisées au sein des cellules combattantes, et la compréhension du mode d'action des forces impliquées dans la lutte antiterroriste.

Le nom d'Hicham el-Achamwy représente à lui seul un exemple intéressant de ce renforcement des compétences au sein des groupes et cellules terroristes sur le continent. Cet ancien haut dirigeant du groupe terroriste Ansar Baït al-Maqdis (Ansar Jerusalem)[165] actif dans le Sinaï égyptien, avait rejoint le mouvement terroriste en 2012 alors qu'il était officier des forces spéciales égyptiennes. Au cours de sa « carrière » de terroriste entre 2012 et 2017, il avait notamment participé à l'installation de cellules de la Wilayat Sinaï (État Islamique, province du Sinaï) en Afrique du Nord, et en particulier en Libye où il a été arrêté à Darnah puis extradé au Caire en mai 2019.

Comme el-Achmawy, les membres les plus éduqués des groupes terroristes sur le continent ont la possibilité de transmettre des compétences tactiques et stratégiques, et de développer une compréhension systématique du mode d'action des forces impliquées dans la lutte antiterroriste. Et ces membres éduqués sont plus nombreux que l'on ne l'imagine. Une enquête menée par Stake experts entre 2017 et 2018 sur la base de témoignages de repentis de Boko Haram au nord du Nigéria et dans le bassin du Lac Tchad, permet d'estimer entre 5% et 8% le nombre de membres possédant un niveau d'instruction au moins équivalent à celui d'un Baccalauréat[166]. Si l'on devait assimiler ces combattants instruits à des sous-officiers et officiers au sein d'une armée régulière, cela représenterait selon les estimations issues de cette enquête, à un taux d'encadrement situé entre 31% et 43%[167] (à titre de comparaison, le taux d'encadrement de l'Armée de terre d'un pays comme la France était de 48% en 2002[168]).

- Cibles idéologiques (ou d'apparat) vs cibles tactiques ou stratégiques : une plus grande concentration sur les infrastructures d'intérêt

Entre le 1er janvier et le 31 décembre 2019, 47% des cibles directes d'attaques sur le continent présentaient un intérêt stratégique ou tactique pour les groupes qui les attaquaient. Cela représente 23% de plus que dans toute la période de 2000 à 2011. Si les cibles idéologiques gardent un certain intérêt pour les terrorismes de la deuxième génération, il se dégage tout de même une tendance constante vers les cibles stratégiques. Ces infrastructures d'intérêt sont nombreuses et variées. Les plus en vue semblent être les camps et positions militaires, mais l'attaque d'autres formes d'infrastructures (pylônes de télécommunications, centres de santé, camps de déplacés, véhicules d'intervention de sapeurs pompiers) indique la recherche de plus en plus évidente d'avantages tactiques et stratégiques.

Certaines de ces attaques d'infrastructures d'intérêt apparaissent intéressantes à cet égard. Au cours du seul mois d'août 2019, deux attaques distinctes ont visé des infrastructures de communications téléphoniques dans le bassin du Lac Tchad. La première a eu lieu le 14 août, dans la sous-préfecture de Kaïga-Kindjiria (région du Lac Tchad, côté tchadien) où une femme kamikaze a fait exploser sa ceinture près d'un pylône de communications téléphoniques qui venait d'être installé. La seconde s'est déroulée à Wajirko dans l'État de Borno au Nigéria, le 27 août, où des combattants de l'ISWAP ont tué 11 ouvriers d'une compagnie de télécommunications, venus installer des câbles de fibre optique. Les témoignages recueillis auprès des habitants ont permis d'établir certaines similarités troublantes. En premier lieu, dans les deux cas, des combattants terroristes ont eu connaissance du projet d'installation des infrastructures et ont menacé les villageois d'exactions si elles étaient installées ; et en second lieu ils ont lancé une attaque visant directement l'infrastructure et destinée soit à empêcher son installation ou à la rendre inopérante. Ceci démontre à la fois une compréhension de l'utilité tactique de telles infrastructures – en l'occurrence, faciliter les communications entre les autorités et les populations qui alertent sur d'éventuelles incursions terroristes –, mais aussi, comme nous l'analyserons en profondeur plus loin, une certaine capacité d'apprentissage/ innovation chez les cellules combattantes terroristes.

Les niveaux de réponse des États du continent

Analyser les niveaux de réponse des États du continent permet de comprendre les trajectoires que peuvent prendre les dynamiques d'action-réaction qui s'instaurent inévitablement dans un contexte de terrorisme et de contreterrorisme. Ces dynamiques décrivent une forme de dialogue où les attaques terroristes appellent une réaction des autorités étatiques, qui est elle-même prise en compte dans une certaine mesure dans les attaques futures… Leur intérêt est que la compréhension des schémas de réponse de l'État peut permettre d'anticiper la trajectoire des stratégies des terrorismes, qui représente ainsi que nous le verrons en détail dans la partie suivante, le principal facteur social devant guider l'amélioration de l'action antiterroriste des États.

Cette action antiterroriste sur le continent africain se déploie à deux niveaux territoriaux : national et régional, et à au moins deux niveaux stratégiques : normatif et militaire. Chaque pays affecté par l'activité terroriste imagine ceci dit, des réponses spécifiques plus ou moins similaires, et en tout cas définies sur l'un ou l'autre des niveaux précédemment décrits. Il est donc intéressant de les examiner en détail.

- Réponses nationales : le poids surdimensionné de la composante militaire

Au niveau national, les réponses des États du continent déploient plusieurs outils dont les plus importants en termes d'investissement, et les plus perceptibles, restent des réponses militaires. Dans tous les pays touchés par l'activité terroriste, il existe au moins une opération militaire nationale (et entre 3 et 5 dans les pays du Sahel) spécifiquement destinée à des activités de lutte antiterroriste. Ces opérations se déploient généralement sur une base territoriale subnationale restreinte (département, région, district) avec des objectifs relativement similaires : ratissage, recherche, sécurisation. Entre 2018 et 2019, au moins deux opérations de ce type ont été lancées par l'état-major éurkinabè. L'opération Otapuanu, déployée dans l'Est et le Centre-Est du pays aurait permis l'arrestation ou la neutralisation d'une « centaine de terroristes » (et sept soldats tués), tandis que l'opération Kapidgou, composante burkinabè d'une opération transfrontalière Burkina Faso-Mali du même nom, aurait entre autres, permis la neutralisation d'une vingtaine de terroristes et l'arrestation de suspects. De même au Nigeria, les opérations Diran Mikiya, Sharan Daji, ou Harbin Kunama (concentrées dans les États de Zamfara et de Borno) déploient des capacités mixtes militaires et de police pour lutter contre le grand banditisme en général sans mandat spécifiquement antiterroriste. De plus, certains pays comme le Cameroun, ont renforcé leur dispositif de surveillance, avec notamment la création en 2019, de plusieurs postes de commandement de vidéosurveillance, devant contrôler à terme quelque 7000 cameras à-travers le territoire[169].

En dehors de ces réponses militaires très présentes dans le paysage de la lutte antiterroriste sur le continent, d'autres réponses bénéficient d'une moins bonne exposition médiatique, et apparaissent surtout comme des structures institutionnelles ou normatives sans véritables réalisations, faute d'engagement résolu des gouvernements à les rendre pleinement opérationnelles. C'est le cas entre autres, de l'Observatoire national de prévention et de gestion des conflits communautaires, créé en 2015 au Burkina Faso, ou de l'Observatoire national de prévention de l'extrémisme violent, créé en 2019 au Togo. Le premier a eu un impact très limité depuis sa création en 2015, et le second peine encore à se doter des moyens permettant de remplir les missions qui lui sont confiées. Il est cependant intéressant de relever qu'à l'instar du Togo, beaucoup de pays qui ne sont pas directement touchés par des terroristes violentes, mais qui anticipent le risque, prennent de plus en plus des mesures législatives de prévention. Celles-ci se traduisent le plus souvent en lois nationales plus dures sur le renseignement, la surveillance ou la justice antiterroriste entre autres. Ainsi en août 2019, Lomé a modifié sa loi encadrant les manifestations publiques dans le but annoncé de renforcer le dispositif de prévention des attaques terroristes. De même, le parlement angolais a voté le 13 août 2019, une loi autorisant et fixant les modalités de l'installation et de l'utilisation de caméras de surveillance, pour les mêmes motifs.

Encadré 7 : Le Nigeria et la stratégie des « Super Camps »

Au cours de l'année 2019, l'Armée nigériane a adopté une stratégie défensive destinée à fortifier ses camps dans les zones d'activité de Boko Haram et de l'ISWAP, et à apporter une solution aux attaques répétitives contre les positions militaires : la stratégie des Super Camps. Elle consiste à retirer les bataillons occupant des positions faibles, pour les concentrer dans les camps de brigade dont ils dépendent. Cela aboutit à des camps lourdement fortifiés (Super Camps) et qui disposeraient par ailleurs d'assez d'hommes et d'une forte mobilité. Le 16 septembre 2019, le chef d'état major, le Lt. Gen. Tukur Buratai indiquait qu'environ 20 de ces Super Camps étaient déjà établis dans l'État de Borno et que cette stratégie permettrait à l'Armée nigériane de remporter la guerre contre les terroristes[170]. Cependant de nombreuses critiques émergent quand à sa pertinence.

Le retrait de positions avancées est perçu par les populations et par les combattants terroristes comme un repli des troupes. Ces derniers en profitent pour occuper le territoire.

Selon des informations rapportées par le journal nigérian This Day, les positions anciennement occupées par les bataillons qui se sont retirés ont été occupées par les terroristes, « rendant difficile pour les militaires de s'aventurer hors de leurs Super Camps sans être victimes de mines ou tomber dans des embuscades »[171]. Babagana Zulum, gouverneur de l'État du Borno aurait quant à lui décrit cette stratégie comme simplement « inopérante ».

- Réponses régionales : actions militaires conjointes, et multiplication des comités transfrontaliers de sécurisation

La question du terrorisme a été prise en charge relativement tôt par l'Union Africaine et par les organisations régionales selon les régions du continent. Leur approche largement normative a contribué à créer des couches successives de cadres visant à délimiter et à organiser certains aspects de la lutte contre le terrorisme. Ainsi l'Organisation de l'Unité Africaine (OUA), ancêtre de l'Union Africaine, a adopté dès 1992 l'une de ses premières résolutions visant à renforcer la coopération et la coordination des États dans la lutte contre l'extrémisme violent et le terrorisme[172]. La Convention d'Alger de 1999, et son protocole additionnel adopté en juillet 2002 qui consacre la création du Conseil de Paix et de Sécurité de l'Union Africaine, font partie des étapes importantes dans la mise en place d'une Architecture pour la paix et la sécurité en Afrique (APSA). Elle se complète d'autres résolutions spécifiques portant soit sur la lutte contre le financement du terrorisme[173], ou sur le renforcement des capacités nationales et la coopération en matière de lutte antiterroriste[174]. L'UA a par ailleurs adopté en juillet 2011, une loi-type sur la lutte antiterroriste afin d'accompagner les États membres dans leurs démarches législatives nationales contre le terrorisme[175].

À côté de ces instruments normatifs et institutionnels continentaux, c'est davantage au niveau régional que les actions se sont multipliées au cours des dix dernières années, pour répondre aux terrorismes. Ces actions prennent la forme de forces militaires conjointes comme la force conjointe G5 Sahel (FC-G5S), ou la force multinationale mixte contre Boko Haram dans le bassin du lac Tchad (MNJTF), et de plus en plus, de comités sécuritaires transfrontaliers pour la sécurité et la lutte contre le terrorisme. La multiplication de ces types de comités est sans doute l'un des principaux changements induits par l'activité des terrorismes, dans la relation entre États voisins sur le continent. Même s'il existait couramment des commissions transfrontalières entre pays du continent, peu d'entre elles disposaient de capacités militaires dédiées[176]. Depuis le début des années 2010, plusieurs commissions transfrontalières se dotent désormais d'un mandat de lutte contre le terrorisme et exécutent des opérations militaires transfrontalières à deux (ou plusieurs) forces[177]. Le tableau suivant offre un aperçu récapitulatif des niveaux de réponse des antiterroriste sur le continent.

		Niveaux territoriaux	
		National	Régional
Niveaux stratégiques	Normatif	**Lois nationales plus dures (renseignement, surveillance, justice antiterroriste)** *Exemple : Durcissement de la loi sur les manifestations publiques au Togo (8 août 2019), Loi sur la vidéosurveillance votée en Angola*	**- Conventions régionales antiterroristes** *Exemple : Processus de Nouakchott, Union Africaine, 2014* **- Organismes/ Initiatives de recherche ou de prévention** *Exemple : Centre africain d'étude et de recherche sur le terrorisme (CAERT, Union Africaine), Initiative d'Accra*
	Militaire	**- Opérations militaires de sécurisation ou de ratissage** *Exemple : Otapuanu (Burkina Faso), Diran Mikiya (Nigeria), Kapidgou (Mali), Yancin Tafki (Tchad)…* **- Renforcement des structures de surveillance** *Exemple : Création d'un commandement de vidéosurveillance au Cameroun*	**- Forces militaires conjointes** *Exemple : FC-G5S, MNJTF, AMISOM…* **- Organisations/ initiatives régionales de coopération militaire ou de police** *Exemple : Mécanisme de l'union africaine pour la coopération policière (AFRIPOL), Comité africain des services de renseignement et de sécurité (CISSA, Union Africaine)* **- Comités sécuritaires transfrontaliers** *Exemple : Tchad-Soudan, Niger-Bénin, Burkina Faso-Mali, Burkina Faso-Niger, Mali-Niger…*

Tableau 5 : Récapitulatif des niveaux de réponse des États aux terrorismes

Terrorismes d'État : Échapper aux pièges du chantage sécuritaire

Lorsque l'activité terroriste s'intensifie et déstabilise ou menace de déstabiliser un État, l'ultime risque soulevé par la logique d'intervention et de réponse de celui-ci est la transformation de son modèle politique et administratif sur les seules lignes de cette menace. En d'autres termes, les réponses (essentiellement militaires et de police, mais aussi normatives et judiciaires) apportées par l'État au péril sécuritaire lié aux terrorismes influent à la fois sur la trajectoire de ceux-ci et sur l'évolution de la pratique administrative et sécuritaire de celui-là. Ceci est d'autant plus vrai dans le contexte des États africains dont la structure et l'autorité sont faiblement consolidées comme nous l'avons vu en première partie. Les menaces que posent les terrorismes sur leur stabilité sont particulièrement perceptibles puisque ces derniers semblent reconnaître et exploiter des failles structurelles impossibles à réparer sur le court et le moyen-terme. Dès lors, deux classes d'objectifs stratégiques se présentent couramment aux autorités gouvernementales. La première est guidée par la nécessité de créer et de maintenir un statu quo minimal, et la seconde s'oriente davantage vers une amélioration de la structure de l'État afin de le rendre de plus en plus capable d'apporter des réponses durables aux terrorismes.

La classe d'objectifs stratégiques destinée à créer et à maintenir un statu quo minimal apparaît comme la plus exploitée dans le contexte des États africains frappés par le terrorisme. Elle se manifeste d'un côté par une réponse militaire surdimensionnée, et d'un autre côté par l'intensification d'une logique de prévention, basée là aussi essentiellement sur les capacités militaires et de police – renseignement et surveillance entre autres. Ces deux types de réponse possèdent des caractéristiques communes qui les rendent intéressantes de la perspective de certains décideurs élus du continent. D'abord, elles s'inscrivent sur le temps court, où la planification, l'exécution, et le suivi des résultats de l'action sont possibles au cours d'un même mandat électoral. Ensuite elles présentent des résultats dont l'effet psychologique et politique parfois retentissant, donne l'impression que de grandes avancées sont constamment effectuées dans la lutte contre les terrorismes. Et enfin, elles justifient l'instauration de lois et régimes d'exception qui permettent sans doute d'améliorer les conditions de la lutte antiterroriste, mais qui peuvent aussi servir de chevaux de Troie pour un ensemble de mesures et d'activités orientées vers la poursuite d'objectifs politiques ou électoralistes.

Cette dialectique qu'il est devenu courant de décrire sous l'expression de *chantage sécuritaire* offre une perspective encore plus inquiétante des menaces possibles à la stabilité et à la consolidation de l'État dans certains contextes d'activité terroriste intense. En effet, au lieu de lutter *contre* les terrorismes, certains régimes politiques à ces égards, luttent de fait *avec* les terrorismes, et prennent la justice et l'état de droit, les institutions et les ressources économiques du pays en otage entre leurs feux croisés. Ils produisent ainsi une situation de *terrorismes d'État* où la réponse étatique à l'activité terroriste n'est pas une solution, mais fait elle-même partie du problème. Ceci représente en soi une forme de victoire pour les terrorismes, puisque l'un des principaux dangers des terrorismes n'est pas tant la violence indiscriminée et aveugle qu'ils exercent que la « sur-réaction » de l'État dans sa tentative de les contrer[178]. L'une des seules façons d'y échapper et d'éviter ce danger est d'engager les ressources (humaines, économiques, institutionnelles, et normatives) des États dans la deuxième classe d'objectifs stratégiques : une dynamique d'amélioration de la structure de l'État permettant d'apporter des réponses durables aux terrorismes.

L'intérêt de cette deuxième classe d'objectifs stratégiques est double. En premier lieu, le fait qu'elle s'inscrit inévitablement sur le moyen-long terme permet d'induire plusieurs effets correctifs dans certaines des faiblesses structurelles identifiées en première partie de ce livre. En l'occurrence en renforçant la nécessité d'une continuité de l'État, elle permet de réduire la forte politisation des postes administratifs techniques. En second lieu, prendre l'option d'apporter des réponses durables aux terrorismes implique une approche nécessairement multidimensionnelle qui réduira l'influence de la réponse militaire, et réduira de même les risques du mélange incestueux du politique et du militaire dans la sociologie de l'État, identifié plus haut comme l'une des faiblesses de la structure des États modernes du continent. Tout cela revient au demeurant, à imaginer et à implémenter une politique publique de lutte antiterroriste complète, dont la pertinence se fonderait à la fois sur le triptyque fondamental opportunité, coût, prédictibilité du résultat ; et sur un ensemble de facteurs de correction issus de ce que la recherche et l'expérience nous apprennent de l'attitude, de la structure et du fonctionnement des terrorismes sur le continent.

Éléments de pertinence d'une politique publique de lutte antiterroriste

- Le triptyque fondamental : opportunité - coût - prédictibilité du résultat

Les politiques publiques antiterroristes doivent avoir pour ambition d'apporter les réponses immédiates et urgentes à la violence terroriste sur le court terme, tout en créant un cadre structurel, institutionnel, économique et politique permettant de rendre l'activité terroriste impossible ou extraordinairement coûteuse pour n'importe quel acteur sur le moyen et le long terme. Cette double ambition définit le cadre d'opportunité dans lequel s'inscrivent ces politiques publiques. Elle présente aussi un ensemble de paramètres permettant de définir des priorités des États en matière de développement social et humain, d'éducation, d'accès aux services publics sociaux et sanitaires de base.

C'est un pôle important d'arbitrage des investissements, eu égard aux contraintes (économiques, politiques, sociales…) auxquelles les États sont constamment soumis dans le contexte africain. Il est nécessaire que le coût de l'action se présente comme raisonnable, c'est-à-dire inférieur ou au moins égal au coût des réponses antiterroristes actuellement implémentées. La définition de priorités d'investissement sensibles à la lutte contre les terrorismes, dans chacun des domaines décrits ci-dessus permet d'atteindre cet objectif. D'un côté, elle permet une allocation des ressources de l'État à des objectifs structurants par ailleurs nécessaires au développement, tout en rendant ces objectifs utiles aussi au contexte de lutte contre les terrorismes ; et elle permet d'un autre côté, d'introduire une meilleure prédictibilité des résultats sur le long terme des actions dans chaque secteur visé.

L'aspect de prédictibilité du résultat sur le long terme apparaît à plusieurs égards, comme le principal moteur de l'action. D'abord il fixe a priori des attentes précises qui permettent d'orienter la planification quotidienne, les objectifs d'étape, et de définir précisément le rôle de chacune de parties prenantes. Ensuite il détermine à l'avance les critères de réussite permettant d'évaluer l'implication des acteurs, et d'imaginer de nouvelles itérations ; et enfin il crée un cadre cohérent d'investissement des moyens et outils à la disposition de l'État, orienté sur le long terme. L'idée n'est évidemment pas de créer (même sur la base de caractères similaires aux terrorismes de la deuxième génération), une politique publique-type à implémenter par tous les États concernés. Il s'agit davantage de définir des exigences minimales de pertinence des politiques publiques, fondées sur un axe conceptuel (le triptyque opportunité-coût-prédictibilité du résultat décrit précédemment), et un axe fonctionnel (l'intégration et le traitement d'inputs, la description d'une logique d'action, et l'itération).

Cet axe fonctionnel apparaît d'autant plus indispensable que la forme et l'expression de l'activité et de la menace terroriste opèrent des changements constants. Dans cette perspective, les inputs que les décideurs doivent intégrer et traiter représentent non seulement les matériaux de base de la création de leurs logiques d'action, mais aussi les repères qui permettent de les corriger et de définir les paramètres de nouvelles itérations. Il s'agit à ce titre de véritables *facteurs de correction* qu'il est indispensable de savoir reconnaître et interpréter. Nous classons ces facteurs de correction en trois grands ensembles. Les facteurs sociaux de correction, dont le principal consiste à changer l'environnement d'apprentissage ou d' « innovation » chez les terroristes ; les facteurs économiques de correction, dont l'objectif est de rendre l'action violente trop chère pour les groupes terroristes ; et les facteurs politiques de correction, qui permettraient d'améliorer la définition de la notion d'ennemi interne pour vaincre les rhétoriques du *nous* contre *eux* couramment utilisées par les terroristes.

- Facteurs sociaux de correction : changer l'environnement et la dynamique de « l'apprentissage » chez les terrorismes

Dans un article publié en avril 2019 dans la revue Critical Studies on Terrorism, Carolin Goerzig du groupe de recherche indépendant allemand Max Planck, s'intéresse à une dynamique importante de la logique d'apprentissage chez les groupes terroristes. En se basant sur une étude de cas de l'évolution des techniques et stratégies d'AQMI, elle relève que ce groupe a été capable d'*apprendre* à-travers le temps de deux façons : tactiquement, grâce à ses liens étroits et à son allégeance à Al-Qaïda ; et stratégiquement en tirant des leçons des actions de contreterrorisme menées contre lui[179]. Cette double dynamique d'apprentissage tient à au moins deux facteurs importants. Premièrement, le contexte de l'apprentissage qui est celui de la clandestinité[180] fait que les groupes terroristes ne peuvent apprendre stratégiquement que de leurs propres erreurs ; et deuxièmement le choix de la violence politique comme seul mode d'action les oblige à se renouveler constamment en quelque sorte pour survivre ; et induit donc de fait, une forme d'apprentissage stratégique incrémentée, dans laquelle les nouvelles pratiques viennent s'ajouter et effacer les précédents.

Les conclusions de Goerzig sont très intéressantes pour les conséquences qu'il est possible d'en tirer sur le plan des politiques publiques de lutte contre le terrorisme en contexte africain : elles définissent notre principal facteur social de correction. D'un côté, si les terrorismes apprennent en réaction aux politiques publiques de contreterrorisme, alors il appartient aux décideurs de définir ces politiques publiques en fonction de l'apprentissage qu'elles doivent induire chez eux ; et de les *corriger* constamment selon le même principe. En d'autres termes, puisque les terroristes nous écoutent déjà (par impératif de survie), alors il nous appartient de leur parler. La deuxième conséquence est que l'action politique violente par défaut des terrorismes sert entre autres pour les terroristes à *tester* leur environnement et les réponses des États. En se référant à la forme incrémentée de leur apprentissage, il faut s'attendre à ce que la disparition d'une stratégie soit avant tout motivée par des impératifs liés à leur environnement, et soit donc remplacée par une autre pratique plus adaptée à celui-ci. Or les réponses antiterroristes des États contribuent dans une très grande proportion à la création de cet environnement. Cela signifie qu'une réponse uniquement militaire aveugle dans ces conditions, peut servir la cause des terroristes et alimenter l'un de leurs arguments clés sur le continent : la lutte contre un État prédateur et oppresseur. Cela signifie aussi (et surtout) qu'il est possible et nécessaire de faire évoluer le contexte dans lequel l'activité des terrorismes s'inscrit ; et d'arbitrer les outils en fonction du type de réaction qu'ils peuvent induire chez les terroristes.

- Facteurs économiques de correction : élever le coût de l'attaque terroriste au point où elle revient extrêmement chère pour les terroristes

Une façon de comprendre l'influence du coût du passage à l'acte, sur les actions violentes terroristes sur le continent est de se demander combien coûte en moyenne une attaque terroriste. Pour définir le coût moyen d'une attaque terroriste, les indices issus des attaques précédentes permettent d'établir deux éléments essentiels.

En premier lieu, le nombre d'opérateurs. L'analyse des actions terroristes répertoriées en 2018 et 2019 dans la base de données de Stake experts sur l'ensemble du continent africain permet d'établir que 63% des attaques terroristes répertoriées ont été exécutées par un nombre d'opérateurs inférieur ou égal à 10, contre 29% de 10 à 50, et 8% au-delà de 50[181], avec une forte récurrence des attaques impliquant plus de 100 opérateurs dans la région du bassin du Lac Tchad. Pour les besoins du calcul, nous retiendrons donc un nombre indicatif moyen de 10 opérateurs. Sont-ils rémunérés ? Même si certaines sources mentionnent une rémunération mensuelle d'environ 100 dollars US (USD) versée aux combattants[182], le rapport du PNUD sur l'extrémisme violent en Afrique estime qu'aucun élément ne permet de dire si cette rémunération est systématique, ni d'établir les types d'opérateurs qui y ont droit (leadership ou combattants, recrues volontaires ou enrôlées de force, etc)[183].

En second lieu, le coût financier de l'action, que nous noterons f. Il est décomposable en dépenses récurrentes à renouveler pour chaque action : carburant, munitions, rémunération des opérateurs (mensuelle) et communications ; et en dépenses ponctuelles amorties dans le temps : armes, équipement, et moyens de transport notamment. Pour les besoins de l'analyse et à titre purement indicatif, calculons le coût d'une attaque suivant l'un des scénarios les plus récurrents dans la région du Sahel. Le scénario est le suivant : un groupe de 10 opérateurs attaque un village à bord de 5 motos (5 conducteurs et 5 tireurs en passager). Ils font usage de fusils d'assaut à répétition de type AK et tirent de façon indiscriminée sur les personnes qu'ils croisent. Dans ce scénario, f serait égal à la somme des *intrants* utilisés pour l'organiser et l'exécuter. Ces intrants sont les suivants : les armes, les munitions, les motos, le carburant, la rémunération des opérateurs, et les communications. L'on peut à présent estimer l'apport de chacun d'eux dans l'exécution du scénario.

AVERTISSEMENT IMPORTANT

Nous tenons à avertir le lecteur avant de poursuivre que les calculs qui vont suivre sont une **estimation**, et ont une visée **uniquement** analytique. Ils ne constituent ni un budget, ni un encouragement à quelque acte illégal ou illicite. Au contraire ils permettent, sur la base de nos recherches, d'apporter des outils quantitatifs objectifs nécessaires à la mise en place de politiques publiques de lutte antiterroriste, pertinentes et efficaces.

---

a = les armes. Les fusils d'assaut de type AK se commercialisent à environ 110 000 FCFA[184] sur le marché noir dans la région. Leur durée d'amortissement peut atteindre 30 à 40 ans pour un usage occasionnel (hors surchauffe ou remplacement du canon). Pour les besoins de l'estimation, nous fixerons une durée de vie de 35 ans, soit 12740 jours (pour 1 an = 364 jours), pour les 5 tireurs. Ici donc :

$$a = \left(\frac{110000}{12740}\right) * 5$$

m = les munitions. En mode répétition les fusils de type AK tirent entre 500 et 600 cartouches par minute, avec une capacité de chargeur entre 30 et 40 cartouches de calibre 7,62 x 39mm. En se référant aux indices habituellement obtenus de ce type d'attaque, on peut avancer deux hypothèses de travail : premièrement, les opérateurs prennent rarement le temps de recharger plus de deux fois, et deuxièmement l'urgence (et le stress) les amènent à vider totalement leur chargeur chaque fois. Cela nous emmène à estimer à 2 le nombre de chargeurs consommés par tireur, soit 10 chargeurs au total, ce qui fait 300 cartouches pour des chargeurs de 30. Ainsi, en considérant que le prix moyen d'un caisson de 500 cartouches se commercialise à environ 120 000 FCFA, nous en déduirons que :

$$m = \left(\frac{120000}{500}\right) * 300$$

t = les motos. Les motos « homme » à embrayage, utilisées dans ce type de scénario coûtent en moyenne 450 000 FCFA dans la région, et ont une durée de vie d'environ 10 ans, soit 3640 jours (pour 1 an = 364 jours). Puisque les opérateurs utilisent 5 motos (un conducteur et un tireur par moto), on en déduira donc que :

$$t = \left(\frac{450000}{3640}\right) * 5$$

e = le carburant. Le prix de l'essence varie entre 600 et 900 FCFA au litre dans les pays du Sahel. Nous fixerons une moyenne de 750 CFA pour les besoins de l'estimation. De plus, les réservoirs du type de moto utilisé ont une capacité de 14 litres au plein. Aucun indice ne nous permet de définir la quantité de carburant utilisée pour chaque scénario. Nous estimerons donc par défaut, un plein de carburant pour les 5 motos utilisées soit :

$$e = (750 * 14) * 5$$

h = la rémunération des hommes. En nous basant sur l'analyse faite au début de cette partie au sujet de la rémunération des opérateurs par les groupes terroristes, nous estimerons à la moitié (soit 5), le nombre d'hommes rémunérés par mois, parmi les opérateurs qui ont exécuté le scénario. À raison de 100 USD par mois (pour 1 mois = 30 jours) soit, en arrondissant : 60 000 FCFA[185] ; cela correspond à :

$$h = \left(\frac{60000}{30}\right) * 5$$

enfin, c = les communications. Il est difficile d'évaluer le coût des communications directement consommé dans ce type de scénario. En effet, ce que l'on sait ici (l'utilisation intensive de médias sociaux, et donc l'utilisation de la connectivité mobile par les groupes terroristes entre autres) n'est qu'une infime portion des éléments qui devraient entrer dans le calcul et que l'on ignore (par exemple les photos et films des attaques partagés pour la propagande sont-ils mis en ligne juste après les attaques ou après le retour aux bases, les opérateurs sont-ils remboursés pour transmettre ces vidéos et images, l'utilisation des téléphones satellites – relevée à plusieurs reprises – est-elle étendue jusqu'au niveau opérateur ou simplement dans le leadership, etc). Pour cette raison, et pour garder la simplicité de l'estimation, nous ne prendrons pas en compte le coût des communications ; comme beaucoup d'autres intrants (sanitaires, nourriture, autres équipements spécialisés, etc.)

Au total, f étant égal à la somme de tous les intrants calculés individuellement selon les formules ci-dessus, l'on peut l'estimer à une valeur de : **135 161 $FCFA$** (soit environ 227 USD), le coût total du scénario décrit précédemment. Dans cette valeur totale :

a = **43, 17 $FCFA$** (soit environ 0,07 USD)

m = **72 000 $FCFA$** (soit environ 121,14 USD)

t = **618, 13 $FCFA$** (soit environ 1,04 USD)

e = **52 000 $FCFA$** (soit environ 87,49 USD)

h = **10 000 $FCFA$** (soit environ 16,82 USD)

Évidemment, il s'agit d'une estimation à visée uniquement analytique. Mais en regardant ces chiffres dans le détail, il est possible de tirer un enseignement capital en ce qui concerne les facteurs économiques de correction des politiques publiques antiterroristes. Si l'objectif de ces facteurs économiques de correction est, comme nous l'avons défini plus haut, d'élever le coût moyen de l'attaque terroriste au point où il revient trop cher aux groupes terroristes, alors il devient indispensable que les politiques publiques fassent peser des contraintes supplémentaires sur les intrants qui sont à la fois les plus chers par attaque, et les plus rapidement périssables, c'est-à-dire par ordre décroissant : les munitions (m) (72 000 FCFA par attaque), et la rémunération des hommes (**h**) (10 000 CFA par attaque)[186]. Les décideurs disposent donc de deux leviers essentiels pour le faire.

Le premier levier est celui d'un contrôle plus important de la production, du stockage et de la mise en circulation des munitions. Ceci concerne certes les munitions produites et commercialisées en toute illégalité, mais aussi celles qui sont acquises légalement dans des stocks nationaux, puis détournées à la suite de vol, d'attaques de garnisons, ou de commercialisation illégale. Les normes et règlements, ainsi que la pratique des États doivent évoluer vers un contrôle plus strict des munitions en circulation sur leurs territoires. Ceci est un point capital : il est important que les autorités gouvernementales concentrent leurs efforts en priorité, et portent une attention particulière, sur la production et la circulation des munitions. Pour augmenter drastiquement le coût du passage à l'acte terroriste rappelons-le, il faut augmenter le coût des intrants les plus chers et les plus rapidement périssables. Or nous l'avons vu précédemment, les armes légères et de petit calibre ont une durée d'amortissement très longue. Un fusil d'assaut de type AK mis en circulation en 1980, une décennie avant la fin de la guerre froide, peut rester fonctionnel et continuer à être utilisé au-delà de 2019, et il coûtera 43,17 FCFA (soit 0,07 USD) par attaque terroriste ; alors qu'un lot de 300 munitions est à usage unique, n'est pas recyclable a priori, et coûte 72 000 FCFA (soit environ 121,14 USD) par attaque. C'est donc l'accès aux munitions qu'il faut en priorité rendre extrêmement difficile voire impossible afin d'élever le coût du passage à l'acte. Ceci implique non-seulement de renforcer le contrôle des stocks légaux, mais également de surveiller et de tarir les voies illégales de production et d'approvisionnement.

Le second levier est celui des solutions économiques de remplacement qu'il est possible d'apporter aux populations les plus vulnérables au recrutement des terroristes. Plus de la moitié des populations dans la plupart des pays africains a moins de 30 ans, et vit en zone rurale, sans emploi, ou avec des emplois saisonniers, non- (ou mal-) rémunérés. Contrairement aux discours habituels, la vulnérabilité de ces vastes couches de la population ne tient pas seulement aux avantages financiers directs que peut leur apporter la participation à des activités terroristes, mais surtout au fait que cette participation leur ouvre des possibilités économiques étendues. En effet, dans de nombreux pays du continent, le port des armes donne encore un accès privilégié à des ressources (ressources naturelles, trafics, rackets, pillages...) inespérées ; et ceci indépendamment du fait que la personne qui porte ces armes soit un agent de l'État ou un agent criminel/terroriste. C'est ce système de valeurs économiques lié au statut de combattant qu'il est indispensable de briser afin de couper les terrorismes de leur vivier de recrutement ; et ceci passe par la capacité progressive des États à proposer des solutions viables en matière d'employabilité, qui élèvent pour ainsi dire les barrières à l'entrée et le coût de la *main d'œuvre* dans l'activité terroriste.

- Facteurs politiques de correction : améliorer la définition de la notion d'ennemi interne pour vaincre les rhétoriques du *nous* contre *eux* utilisées par les terroristes

Une réponse uniquement sécuritaire à l'action terroriste expose les populations déjà victimes des terrorismes, aux bavures non intentionnelles et parfois inévitables des forces militaires et de police opérant dans un environnement de stress élevé au mieux, ou à exactions et abus intentionnels en guise de représailles au pire. En juin 2019, l'ONG internationale Human Rights Watch accusait par exemple les forces armées burkinabè d'abus – notamment d'exécutions extrajudiciaires – dans plusieurs villages déjà frappés par la violence terroriste[187], une accusation réitérée entre mai et juin 2020. Ce type de violence est de nature à saper les efforts des États de consolider une définition politique valable de l'ennemi interne, nécessaire pour vaincre la puissance de la rhétorique du *nous* contre *eux* au centre de l'argumentaire de plusieurs groupes terroristes opérant sur le continent africain.

La délimitation de la dimension politique de la lutte contre les terrorismes passe donc nécessairement par cette définition commune de la perception de l'ennemi interne. Elle permettrait d'une part, de restaurer les schémas de loyauté des populations locales envers l'État, et de construire un sentiment de confiance basé sur une appartenance d'autre part, indispensable à l'exécution efficace d'une politique publique de lutte contre le terrorisme. Malheureusement, dans de nombreuses régions visées par l'activité terroriste sur le continent, il arrive encore que l'État soit perçu comme l'un des ennemis – au moins au même titre que les terroristes – ou dans le meilleur des cas, comme un acteur externe qui ne saurait apporter de réponse aux problèmes sécuritaires quotidiens des populations. Les décideurs doivent se servir de la trajectoire des rhétoriques du *nous* contre *eux* comme d'une jauge de l'évolution de cette perception. De même, ils disposent d'au moins deux leviers pertinents pour continuer à construire le double sentiment de confiance et d'appartenance indispensable à une définition politique commune de l'ennemi interne.

Le premier levier est celui de la justice. Ainsi que nous l'avons décrit précédemment. Les populations doivent avoir une parfaite compréhension du cadre légal et juridique de l'action de l'État, et en particulier de la force publique. Elles doivent connaître les voies de recours en cas d'abus de cette dernière, et ces voies de recours doivent fonctionner. L'idée n'est pas seulement de rendre justice et de dire le droit. Il est aussi question de déconstruire la perception encore très courante d'un État suprême auquel tout est permis, sans aucun recours possible... et qui court le risque d'être perçu comme tout aussi – ou plus – oppresseur que les terroristes. Le second levier est celui de la participation citoyenne. Pour continuer à bâtir un tel lien de confiance sur le long terme, il est nécessaire que les États instaurent ou optimisent les mécanismes de participation citoyenne à la vie politique et à la gouvernance. Le rôle des États et des décideurs ne peut pas se limiter à une simple reddition des comptes selon les formes et les calendriers institutionnels. Les autorités gouvernementales doivent activement inciter à la participation citoyenne, non seulement en se montrant à l'écoute des populations, de la société civile et autres groupes sociaux, mais aussi en les encourageant à s'exprimer et à demander des comptes. La participation citoyenne et un État de droit qui fonctionne, créent et renforcent le sentiment de confiance et d'appartenance ; et ce double sentiment de confiance et d'appartenance est le principal – sinon le seul – obstacle à un ancrage social des terrorismes sur la base de la rhétorique du *nous* contre *eux.*

Faut-il négocier avec les terroristes ?

-     Établir des bases saines pour le débat

La question d'une négociation possible avec les terroristes est revenue sous diverses formes ces dernières années dans le débat de la lutte contre les terrorismes sur le continent africain.

Elle a plus couramment soulevé des objections et arguments passionnés que des perspectives précises de politiques publiques, avec en toile de fond, la célèbre phrase attribuée à la doctrine de contreterrorisme du gouvernement américain : « les États-Unis ne négocient pas avec les terroristes. » Et le deuxième pan sous-entendu de cette affirmation pourrait être libellé ainsi : « pourquoi les États africains devraient-ils le faire ? » De notre avis, très peu de débats contemporains de politiques publiques sur le continent, se font sur une base plus erronée. Une question de départ d'un tel débat serait plus productive si elle était formulée ainsi : « faut-il négocier avec les terroristes ? » Et notre réponse est la suivante : en contexte africain, évidemment, il faut négocier avec les terroristes. Ceci pour plusieurs raisons.

En premier lieu, dans le contexte actuel des terrorismes et de la lutte antiterroriste sur le continent, l'option d'engager des négociations apparaît comme la moins coûteuse en vies humaines, en investissements économiques, et en frustrations sociales, pour les États du continent... et pour les cellules combattantes des groupes terroristes. En dehors de leur coût particulièrement élevé dans les trois registres cités précédemment, les options militaires montrent jusqu'à présent leurs limites autant dans le Sahel et dans le Bassin du Lac Tchad, qu'en Afrique de l'Est et dans la Corne de l'Afrique. La lutte antiterroriste purement militaire n'a réussi à faire disparaître les groupes terroristes dans aucun des espaces régionaux touchés par les terrorismes à travers le continent. En revanche, à défaut d'apporter des résultats immédiats ou de faire disparaître les groupes terroristes sur le court terme, l'engagement de discussions permettrait au minimum de collecter du renseignement capital sur les cellules combattantes, leurs structures, les motivations du leadership et/ou des combattants… autant de ressources qui permettraient de continuer à construire des politiques publiques pertinentes et informées, différentes ou complémentaires de la lutte militaire, tout en gagnant du temps et en épargnant des vies puisque par définition les négociations s'entament sur la base d'un statu quo minimal.

En deuxième lieu, l'option de négocier permet de briser une forme *d'exceptionnalisme* qui entoure le débat de sécurité publique lié aux terrorismes sur le continent, et qui conduit jusqu'à présent à traiter les terrorismes comme une menace sécuritaire évoluant en vase clos et sans connexions avec les autres aspects de la sécurité publique. Ainsi que nous l'avons rappelé précédemment, sur le continent africain au moins, les terrorismes apparaissent comme un fait politique intérieur d'une part, et opèrent des interconnexions constantes avec les écosystèmes criminels locaux et/ou transnationaux d'autre part. Leur choix de la violence aveugle comme mode d'action par défaut et la mise en scène de leurs crimes, obéissent à des dynamiques politiques, organisationnelles, sociales… sur lesquelles il est utile et nécessaire de porter un regard neutre, sans exceptionnalisme et sans a priori idéologique ou stratégique. Aussi, pourquoi ne négocierait-on pas avec les terroristes si on le fait avec des trafiquants de drogue, des groupes armés rebelles ou des gangs de preneurs d'otages ?[188]

En dernier lieu, négocier peut devenir une stratégie redoutable pour fragmenter le front adverse, mettre à jour les ambitions, intérêts ou revendications divergents voire contradictoires, et créer là où cela est possible, des pactes minimaux de non-agression sur des bases raisonnables. Les disputes de leadership et les désaccords sur la stratégie de groupe sont nombreux au sein des cellules terroristes[189]. Elles ont été jusqu'ici seulement constatées par les autorités chargées de la planification de la lutte antiterroriste, alors que l'engagement de discussions avec des factions dissidentes par exemple pourrait permettre d'élargir la brèche et d'affaiblir davantage les groupes terroristes. Il ne s'agit donc pas d'un principe aveuglément pacifiste, ni même de concéder une victoire quelconque aux terrorismes. Au contraire, négocier représenterait dans le contexte des pays africains touchés par les terrorismes, avant tout une option stratégique qui fait sens à la fois d'un point de vue économique, programmatique, et stratégique.

Ceci dit, il est difficile de ne pas entendre déjà les objections sur le principe d'éventuelles négociations avec les terroristes : comment négocier avec des groupes armés terroristes qui n'ont aucune revendication *raisonnable*, et ne demandent que la disparition pure et simple des États et de l'ordre politique tel qu'on le connaît, pour imposer un État abusif et rétrograde ? Cette double objection (« les terroristes ne sont pas des acteurs rationnels avec qui l'on peut négocier », et « leurs revendications sont extrêmes et ne sont pas négociables ») constitue tout au plus un obstacle théorique à la négociation, qui ne résiste pas aux faits.

D'un côté, toute la première partie de ce livre a déjà permis de démontrer (entre autres) que les terroristes sont des acteurs rationnels… en tout cas aussi rationnels que toute organisation criminelle violente et opérant fondamentalement dans la clandestinité. À cet égard, un point de départ plus pertinent consisterait de dire que les décideurs ne comprennent pas le raisonnement des terroristes et, en effet, si l'on n'essayait pas de comprendre leur raisonnement il serait impossible de négocier avec eux ; mais il serait tout aussi impossible de les vaincre avec l'option militaire.

D'un autre côté, il est établi que tout négociateur aguerri (et nous n'avons pas la preuve que les terroristes n'en sont pas, ou n'en comptent pas dans leurs rangs), commencera toujours par des demandes extrêmes – en techniques de négociation, cette pratique est même théorisée sous l'expression de *point d'ancrage extrême*. Aussi, ce serait au mieux un terrible aveu d'incompétence en tant que négociateurs, d'avancer que la négociation est impossible pour la seule raison que la partie adverse fixe un point d'ancrage extrême. Ce serait en tout cas insinuer que les terroristes sont plus compétents que nos meilleurs négociateurs, ce qui n'est évidemment pas le cas. Par ailleurs, des tentatives notamment avec les terroristes de Boko Haram au Nigeria, et avec le JNIM au Mali entre autres, démontrent qu'il est possible d'emmener les terroristes à la table de négociations[190].

- Quelques repères pour déterminer les bonnes bases pour une négociation avec les terroristes

Une fois que le principe de la négociation avec les terroristes est compris comme une option stratégique valable et pertinente, encore faut-il définir de bonnes bases pour cette négociation. L'objectif n'est pas de créer un cadre théorique rigide hors duquel toute discussion est impossible. Il s'agit au contraire, de définir des repères minimaux qui définissent un champ des possibles dans lequel les décideurs peuvent s'engager tout en conservant l'autonomie et l'agilité nécessaires à la création de solutions adaptées à leurs contextes spécifiques. Ces repères s'établissent autour d'au moins trois questions fondamentales : quelle serait la forme d'une éventuelle négociation avec les terroristes ? qui devrait engager les discussions ? à quoi pourrait ressembler un *bon* accord ?

Premièrement, pour déterminer la forme des négociations, il est utile de s'inspirer de ce qu'on l'on sait déjà de la structure et de la forme de leadership des groupes terroristes. Dans la plupart de ces groupes sur le continent, le leadership opérationnel est très largement fragmenté entre chefs de cellules ou d'unités combattantes possédant une certaine autonomie. Il est ainsi possible, comme nous l'avons décrit précédemment, qu'une même cellule combattante exécute des attaques au nom d'obédiences différentes, ou change constamment d'allégeance. Les organisations présentent ainsi une structure monolithique au niveau global, avec un discours politique, une structure de propagande, et une rhétorique relativement unifiée par groupe. Elles dépendent cependant des chefs de cellules combattantes au niveau opérationnel qui exercent le réel contrôle sur leurs hommes, et exécutent les attaques. De même il apparaît que plus la teneur de la motivation extrémiste diminue plus on descend vers le niveau opérationnel. En d'autres termes, alors qu'au niveau global les motivations sont largement radicales, plus ont descend vers les cellules et unités combattantes et vers les opérateurs, plus les motivations sont davantage matérielles, ou économiques. L'on ne négocierait donc pas dans les mêmes termes avec le leadership global, et avec les chefs de cellules et unités combattantes. Ainsi, il serait pertinent d'engager les discussions à la fois celui-ci et avec ceux-là.

Cette forme de négociation présente un intérêt stratégique et un intérêt opérationnel. Au niveau stratégique, elle contribue à fragmenter davantage le front des organisations terroristes, et offre la possibilité pour les États d'adapter constamment les termes de la négociation selon les interlocuteurs. Cela correspondrait par exemple à discuter en termes économiques avec des chefs d'unités combattantes plus sensibles à la disponibilité des ressources, plutôt qu'avec le leadership global. L'intérêt opérationnel est que les négociations courent moins le risque de se trouver dans l'impasse à cause de l'absence (ou des difficultés de désignation) d'un interlocuteur unique légitime du côté des organisations terroristes. Elles suivent au contraire une trajectoire plus fluide et peuvent permettre, même en l'absence d'accord avec le leadership global, d'atteindre un niveau d'attaques très faible en raison des possibles accords trouvés avec les unités combattantes. La contrainte capitale du côté des États étant, cela dit, de présenter en ce qui les concerne, un interlocuteur unique et suffisamment pertinent.

La question du « qui », est la deuxième, et sans doute l'une des plus délicates à examiner. Déterminer l'interlocuteur le plus pertinent du côté de l'État devrait répondre à un principe clair – une seule voix – et obéir à au moins trois caractéristiques : un niveau de décision utile, un niveau de légitimité accepté, et un niveau d'autorité reconnu. Avant tout, le principe d'une seule voix consiste pour l'État qui souhaite engager les négociations, à présenter un interlocuteur unique pour tous les termes et aspects de la discussion, pour répondre à tous les interlocuteurs issus des organisations de terroristes, et pour proposer des solutions de l'État et diriger les discussions sur les aménagements à y apporter. L'intérêt de cette approche est de tirer le maximum de profit de la structure fragmentée des organisations terroristes en face. Si l'État présente plusieurs interlocuteurs avec des niveaux d'habilitation différents et/ou complémentaires, il deviendra quasi inévitable que les négociations s'enlisent en solutions peu cohérentes et parfois contradictoires. Un interlocuteur unique offrirait en revanche une vue large de tous les aspects des négociations, à tous ses niveaux, et la possibilité d'élaborer une stratégie cohérente et possédant des leviers de pression crédibles. Dans la pratique, cet interlocuteur unique du côté de l'État, peut prendre la forme d'une commission dont les membres sont issus des principales institutions susceptibles d'être impliquées dans l'exécution d'éventuels accords (le gouvernement, la justice, les forces armées et de police, le parlement, les médias, la société civile, les chefferies traditionnelles…), présidée par une personnalité forte. Pour être efficace, une telle commission doit avoir les trois caractéristiques citées plus haut : un niveau de décision utile, un niveau de légitimité accepté, et un niveau d'autorité reconnu.

D'abord, le niveau de décision de la commission s'interprétera par sa capacité effective à prendre des engagements au nom de l'État, avec des garanties crédibles d'exécution. En effet, la forme fragmentée des interlocuteurs d'en face, et leur méfiance a priori face à l'État, nécessiteront que la commission fasse les preuves de sa capacité de décision. Il se peut même que les groupes terroristes lancent pour ainsi dire des bouteilles à la mer, acceptant des accords mineurs sans grande conséquence, dans le seul but de tester la volonté politique et la capacité de la commission à engager l'État. Ensuite, le niveau de légitimité de la commission est une émanation de la légitimité personnelle de son président, telle que perçue et acceptée par les groupes terroristes. Dans sa tentative de négociations avec Boko Haram en mars 2012, le Nigeria a présenté un exemple pertinent de cette forme de légitimité acceptable par ces derniers. En effet, le président du Conseil suprême de la Charia[191] possédait à la fois une légitimité normative (qui répond au système de croyances et de valeurs du groupe terroriste concerné), et religieuse (en l'occurrence un imam ici). Enfin, le niveau d'autorité de la commission provient de l'effet combiné de sa capacité à engager l'État (niveau de décision) et de la légitimité perçue de sa figure de proue (niveau de légitimité). Il est d'autant plus élevé que ces deux dernières caractéristiques sont prises en compte, et que la commission demeure l'unique interlocuteur pour les organisations terroristes acceptant de négocier avec l'État.

Troisièmement, la question des limites raisonnables d'un *bon* accord appelle une grande diversité de réponses. Elles dépendent à la fois de la capacité des négociateurs à obtenir des concessions viables, et des mesures de suivi qui permettront de définir si celles-ci sont mises en œuvre. Il est avant tout, nécessaire de partir du principe que l'objectif des négociations n'est pas seulement de trouver un accord, mais de trouver un *bon* accord, c'est-à-dire un accord qui est suivi et mis en œuvre par les deux parties. En d'autres termes, il est préférable dans ce contexte, de ne pas aboutir à un accord du tout, plutôt que d'obtenir un accord dont la mise en œuvre est difficile voire impossible à suivre. Aussi, l'État doit rester totalement transparent avec ses interlocuteurs sur le fait que premièrement, il s'engage de bonne foi et exprime une volonté et une détermination politiques fortes à rechercher et obtenir un accord, et que deuxièmement l'option du retour à un affrontement militaire total reste ouverte en cas de non-accord.

La démarche est moins paradoxale qu'il n'y paraît. Ainsi que nous l'avons rappelé précédemment, l'option de négocier avec les terroristes ne part pas d'un idéal de pacifisme, mais de la compréhension pragmatique qu'une absence de négociation entraînera inévitablement des coûts humains, financiers et matériels surdimensionnés pour les deux parties. Les terroristes qui viennent à la table des négociations doivent dès lors, être *éduqués* à ce pragmatisme. Ils doivent avoir compris que l'État n'engage pas les négociations parce qu'il a épuisé toutes les autres options et ressources à sa disposition, mais parce qu'il veut éviter aux deux camps une guerre totale, longue et meurtrière, de laquelle il a de surcroît les plus grandes chances statistiques de sortir vainqueur. De plus il est absolument capital que cette démarche se fasse sans la moindre menace (même subtile), puisqu'elle créerait un effet de résistance et aliénerait les efforts possibles de part et d'autre pour aboutir à un *bon* accord.

Le contenu possible d'un tel accord est par ailleurs, la principale inconnue du processus. La possibilité de conclure des accords successifs et progressivement contraignants, dont les suivants sont conditionnés par la bonne exécution des précédents, offre une marge de manœuvre utile. Elle permettrait à l'État de continuer à collecter des informations utiles auprès de ses interlocuteurs d'une part, et d'imaginer des solutions évolutives qui les écartent progressivement des inévitables premières revendications que ceux-ci poseraient (modification de la forme de l'État, instauration d'une religion d'État par exemple...) Ces accords en paliers auront enfin l'avantage, à cause de l'effet positif des accords mineurs successifs et bien exécutés, d'instaurer progressivement un climat de dialogue continu et de confiance minimale, susceptible d'empêcher un retour à la violence armée.

Conclusion

En septembre 2019, au cours d'un voyage à Lagos, capitale économique du Nigeria, nous avons eu l'opportunité de rencontrer une parente proche de l'un de militaires nigérians tombés dans l'attaque de l'ISWAP (État Islamique en Afrique de l'Ouest) contre la base militaire de Baga (l'attaque, qui a fait environ 25 morts au sein de l'armée nigériane, avait eu lieu le 29 juillet 2019). Le témoignage de cette femme au courage extraordinaire est revenu sur les circonstances dans lesquelles elle a été informée de la mort de son parent au front. Il a révélé aussi un profond contraste entre d'une part son sentiment légitime de colère et de frustration, et d'autre part une compréhension quasi intuitive du désemparement des décideurs devant une menace à la fois si violente, imprévisible et à l'apparence totalement aveugle. Nous nous permettons de retranscrire ici ses propres mots : *"Nigeria didn't forsake us. Something has to be done (…) those guys out there kind of don't know exactly what, but I agree that they do it wrong rather than do nothing"* (Traduction libre: « Le Nigeria ne nous a pas abandonnés. Quelque chose doit être fait, ces gens [le gouvernement] ne savent pas exactement quoi, mais je suis d'accord qu'il vaut mieux faire des erreurs que de ne rien faire. »)

L'intuition exprimée par cette femme est juste : dans beaucoup de pays africains touchés par l'activité terroriste, les autorités sont désemparées. Elles doivent répondre à une menace multiforme, qui semble n'entrer dans aucun cadre, et surtout autour de laquelle le débat intellectuel et politique est dominé par la passion et par de nombreux préjugés. Leur action doit à la fois porter des résultats sur un terme suffisamment court pour justifier les décisions impopulaires qu'elles auraient prises, et suffisamment long pour ne pas donner l'impression d'empirer la situation. Et elles disposent de très peu de temps pour réfléchir à des politiques publiques cohérentes susceptibles d'être déployées sur une longue durée, puisque les terroristes continuent de faire des victimes.

Dans ce contexte, la mobilisation des outils à la disposition de l'État pour lutter contre les terrorismes, est guidée par une contrainte majeure et incontournable : le temps. Or le seul outil susceptible d'être déployé avec une efficacité moyenne et dans un délai court reste la force publique exprimée par les capacités militaires et de police. C'est aussi parfois l'outil qui fonctionne le mieux pour certains États du continent, qui jouissent d'un contrôle limité sur leur territoire, et qui doivent aussi composer avec des ordres et des territoires superposés, véritable trajectoire de divertissement des chaînes locales de loyauté, et facteur de fragmentation du sentiment d'appartenance citoyenne.

Toutes ces faiblesses dans la structure commune aux États du continent apparaissent comme autant de talons d'Achille à la merci des terrorismes. Ceux de la deuxième génération expansionniste ont en particulier développé l'agilité nécessaire pour savoir s'engouffrer dans ces failles. Agilité dans les méthodes, avec une orientation de plus en plus stratégique des attaques, une forme de spécialisation des opérateurs et une dynamique d'apprentissage qui les conduit à tester leur environnement et à réagir en s'ajustant en fonction des réponses antiterroristes ; agilité aussi dans les structures, avec des réseaux de partenariats plus ouverts et plus mixtes, l'exploitation des écosystèmes nationaux et régionaux de la grande criminalité, et l'introduction d'une plus grande indépendance idéologique permettant aux groupes et cellules de naviguer entre plusieurs partenaires, et d'être moins aisément cernables. Et il est facile dans ces conditions d'être d'accord avec Mohammed Hafez qui estime que « la défaite des jihadistes violents est généralement la conséquence de leurs propres erreurs, et non du talent stratégique des puissances qui les combattent.[192] » Peut-il en être autrement ?

La réponse à cette question implique de répondre à une autre question plus pratique : à quoi ressemble une situation dans laquelle l'État a vaincu les terroristes ? à l'incarcération et/ou à l'élimination physique de *tous* les terroristes, leadership et opérateurs ? ou à l'instauration de conditions telles que l'activité terroriste est sinon impossible, du moins tellement coûteuse pour les opérateurs qu'elle n'est plus une option ? ou encore à la création d'un environnement social, politique et économique où la violence terroriste n'est plus pertinente comme mode d'expression politique ou religieuse ? Ces trois options peuvent être les marches graduées d'une même échelle.

D'abord il est indispensable que les États continuent d'assurer sur le court terme leur mission régalienne de sécurisation du territoire. Cela passe évidemment par l'utilisation de la totalité des capacités coercitives de l'État, militaires et de police, mais aussi de négociation, qui sous plusieurs aspects peut être une forme de coercition ou au moins un outil permettant de donner toute la mesure d'une coercition possible. Mais cette forme de réponse n'est pas viable sur le moyen-long terme, et doit ouvrir la voie ensuite au renforcement d'États crédibles, capable de – et légitimes à – implémenter des facteurs sociaux, économiques et politiques de correction de leurs politiques publiques antiterroristes, qui contribuent à rendre l'activité terroriste tellement coûteuse (humainement, matériellement et financièrement), qu'elle devienne une option peu viable. C'est dans ces conditions que pourront enfin se créer l'environnement social, la culture institutionnelle et politique et la structure économique, dans lesquels la violence terroriste n'est simplement plus un mode pertinent d'expression politique ou idéologique. Nous avons parlé de marches graduées d'une même échelle, mais il s'agirait davantage d'échelles harmoniques d'un même accord. Ces étapes nécessitent moins une succession graduelle mécanique qu'une intégration harmonisée dans un ensemble cohérent d'outils.

Les gouvernements des États africains se sont souvent installés, et pendant longtemps, dans une doctrine de l'action en surface. D'un point de vue géographique d'abord, en privilégiant les capitales, les zones urbaines importantes, et les zones d'utilité économique, dont le contrôle des espaces et des ressources est nécessaire à leur survie ; puis d'un point de vue de politiques publiques, en valorisant davantage les actions de court terme, dont les résultats visibles dans l'espace d'un mandat électoral, sont susceptibles à la fois de justifier la reconduction du régime et de consolider les dispositifs de captation de l'aide internationale. À ce titre par exemple, une nouvelle école flambant neuf, imposante dans un paysage rural par ailleurs désespéré, a souvent eu infiniment plus de valeur politique qu'un programme éducatif cohérent, ou la formation des instituteurs à des méthodes pédagogiques permettant de sensibiliser les enfants à la tolérance religieuse et aux valeurs civiques, dès le primaire. Et pourtant, absolument aucune organisation autre que l'État, ne dispose à la fois des trois ressources idéales pour initier et imprimer des changements en profondeur et sur le long terme : la continuité institutionnelle, l'intemporalité, et la souveraineté. L'intensification des terrorismes et le péril global qu'ils représentent, mettent désormais les gouvernants au défi d'une mobilisation et d'une utilisation optimale de ces ressources pour changer d'approche. Car il ne sera pas possible d'éliminer physiquement *tous* les terroristes… ou alors ce serait l'État, le terroriste.

NOTES

1 800 mille morts selon les estimations de l'ONU, plus d'un million selon l'État Rwandais

2 La guerre civile sierra-léonaise (1991 à 2002) a fait un peu plus de 50 mille morts, et les deux guerres civiles libériennes (1990 à 1997, puis 1999 à 2003) ont fait environ 350 mille morts au total.

3 Traduire: Groupe Sunnite pour la prédication et le jihad. Nom officiel du groupe terroriste nigérian Boko Haram

4 Le groupe terroriste Al Shabaab (Harakat al-Chabab al-Moudjahidin, mouvement des jeunes combattants) est issu de l'aile dure de l'Union des tribunaux islamiques (UTI) en Somalie

5 Convention de Montevideo sur les droits et les devoirs des États, 26 décembre 1933, Article 1

6 Littéralement, Mogho Naaba signifie « chef du monde ». Cette figure n'a certes plus la même autorité dans l'État contemporain, mais il jouit toujours d'une grande vénération qui lui confère une forme d'autorité, y compris sur le plan politique.

7 Alex Schmid et al., Political Terrorism : a Research Guide, New Brunswick, Transaction Books, 1984, p. X

8 Alex Schmid et al., Political Terrorism: A New Guide to Actors, Authors, Concepts, Data Bases, Theories and Literature, New Brunswick, Transaction Books, 1988, p.5-6

9 En dehors de la première occurrence historique largement citée (le Régime français de la Terreur, 1793-1794), la première organisation terroriste non-étatique, l'organisation de constitutionnalistes russes *Narodnaïa Volia* (Volonté du peuple, fondée en 1878) intègre déjà la notion de « propagande par l'action » théorisée deux décennies plus tôt par l'avocat et extrémiste républicain italien Carlo Pisacane (voir Georges Woodcock, The Anarchist Reader, Glasgow, Fontana, 1977, p. 43)

[10] Brian Michael Jenkins rend bien compte de cette importance centrale de la publicité dans l'action terroriste avec sa citation devenue célèbre : « Les terroristes veulent beaucoup de gens qui regardent, pas beaucoup de gens morts » (voir : Brian Michael Jenkins, Will Terrorists Go Nuclear?, Prometheus, 2008.)

[11] Bruce Hoffman, Inside Terrorism, Londres, Victor Gollancz, 1998, p. 54.

[12] Office of the Coordinator for Counterterrorism, Patterns of Global terrorism 1996, Washington DC, US Department of State Publication, State Department, 1977, p. VI

[13] Au cours de l'année 2019 par exemple, une vingtaine des attaques les plus spectaculaires du groupe terroriste ouest-africain Boko Haram visait des bases militaires ou des convois militaires.

[14] US Departments of the Army and the Air Force, Military Operations in Low Intensity Conflict, Field Manual 100-20/Air Force Pamphlet 3-20, Washington, DC, Headquarters, Department of the Army and the Air Force, 1990, p 3.

[15] Déclaration de 1994 des Nations Unies sur les Mesures visant à éliminer le terrorisme international, Annexe à la résolution 49/60 de l'Assemblée générale des Nations Unies, « Mesures visant à éliminer le terrorisme international », 9 décembre 1994

[16] Organisation de l'Unité Africaine (OUA) 1999, Convention d'Alger sur la Prévention et la Lutte contre le Terrorisme, Article Premier

[17] Cette Résolution est le premier texte de l'Organisation de l'Unité africaine à mentionner le « terrorisme » (sans toutefois le définir) en appelant au renforcement de la coopération entre les États du continent pour le combattre

[18] African Union Peace and Security Department (AU PSD), The African Union Counter Terrorism Framework, 2015

[19] On peut schématiser la compréhension contemporaine du terme *djihadisme* en le définissant comme une extension sociale et politique du concept musulman de « jihad » (guerre sacrée contre l'ennemi intérieur)

[20] Cette orientation nationaliste ou anticolonialiste a d'ailleurs toujours été l'un des arguments au centre de la controverse sur leur labellisation comme « organisations terroristes ». On peut à ce titre avancer qu'ils sont terroristes par stratégie : en utilisant le terrorisme

comme stratégie et tactique de combat (comme d'autres utiliseraient la guérilla).

[21] Bruce Hoffman, Inside Terrorism, Londres, Victor Gollancz, 1998, p. 106.

[22] Le principal objectif de la LRA est de créer une théocratie chrétienne basée sur les Dix Commandements, d'abord dans le nord de l'Ouganda, puis en s'étendant progressivement dans l'actuel Soudan du Sud et en République Centrafricaine

[23] Dont le Hamas, Gamat al-Islmiya (groupe islamique) ou encore le GIA (Groupe islamique armées) entre autres

[24] Pour citer quelques exemples pêle-mêle : l'attentat à la bombe contre le Word Trade Center à New York en 1993, l'attentat-suicide contre une base de l'armée de l'air américaine à Dharhan en Arabie saoudite (1996), l'attentat à la grenade contre un hôtel du Caire en avril 1996, l'attentat de novembre 1997 contre le temple d'Hatchepsout à Louxor (Égypte).

[25] Le Front de Libération Nationale algérien a été l'un des acteurs de premier plan de l'indépendance de l'Algérie, et considéré comme organisation terroriste pendant plusieurs années par les gouvernements français et américain notamment.

[26] Entre 1952 et 1956 cette société secrète a multiplié des attaques contre les colons européens de colonie britannique du Kenya, jouant un rôle capital dans la lutte pour l'indépendance du pays.

[27] Voir exemples du FLN et des Mau-Mau décrits ci-dessus. On peut également citer comme exemples, l'OLP (Organisation de Libération de la Palestine), le FLQ (Front de Libération du Quebec) et l'ETA (Liberté pour la patrie Basque) sont parmi les plus intéressants à examiner.

[28] Laura Guazzone, The Islamist Dilemma - The Political Role of Islamist Movements in the Contemporary Arab World, Ithaca Press, Reading, Royaume-Uni, 1995, 390 pages

[29] Sourate 18, verset 56 : « Et Nous n'envoyons les messagers que pour annoncer la bonne nouvelle et avertir. Et ceux qui ont mécru disputent avec de faux arguments, afin d'infirmer la vérité et prennent en raillerie Mes versets (le Coran) ainsi que ce (châtiment) dont on les a avertis »

[30] Bien avant l'Islam, l'ambition universaliste s'inscrit aussi parmi les fondements du christianisme par exemple. (Mathieu 28, 19-20 : «

Allez, faites de toutes les nations des disciples, les baptisant au nom du Père, du Fils et du Saint-Esprit, et enseignez-leur à observer tout ce que je vous ai prescrit. » / Marc 16, 15-16 : « Puis il leur dit: Allez par tout le monde, et prêchez la bonne nouvelle à toute la création. Celui qui croira et qui sera baptisé sera sauvé, mais celui qui ne croira pas sera condamné. »)

[31] Selon la foi musulmane

[32] Sourate 8, verset 39 : « Et combattez-les jusqu'à ce qu'il ne subsiste plus d'association, et que la religion soit entièrement à Allah. Puis, s'ils cessent (ils seront pardonnés car) Allah observe bien ce qu'ils œuvrent. » / Sourate 8, verset 60 : « Et préparez [pour lutter] contre eux tout ce que vous pouvez comme force et comme cavalerie équipée, afin d'effrayer l'ennemi d'Allah et le vôtre (…) » / Sourate 9, verset 5 : « Tuez les incroyants où que vous les trouviez (...) »

[33] Le Grand djihad (al-djihad al-akbir) : lutte intérieure contre les impulsions et les passions du croyant

[34] Le Petit djihad (al-djihad al-asghir) : *guerre sainte* contre les *infidèles*

[35] Sourate 9, verset 5 : « Tuez les incroyants où que vous les trouviez (...) »

[36] id.

[37] Nous découlerons des définitions de Djihadisme et Terrorisme, celle des termes Djihadiste et Terroriste : pratiquant ou militant respectivement du djihadisme et du terrorisme

[38] L'un des postulats préalables à la définition du terrorisme chez Konrad Kellen est posé comme suit : « Un terroriste sans cause (du moins de son point de vue) n'est pas un terroriste ». (Konrad Kellen, On Terrorists and Terrorism, p.10)

[39] Georges Woodcock, The Anarchist Reader, Glasgow, Fontana, 1977, p. 43

[40] Le premier *djihad* d'Abd el-Kader démarre en novembre 1832, contre l'invasion française, et le second 7 ans plus tard en novembre 1839

[41] Ce dernier exemple permet d'illustrer le mécanisme d'utilisation du *djihad* dans sa fonction de ralliement en soutien à une cause de nature politique, sans pour autant considérer l'acteur (Abd el-Kader) ou les méthodes, comme terroristes

[42] Pour reprendre les termes de certains membres du commando terroriste d'AQMI qui a attaqué l'hôtel du Radisson Blu à Bamako, Mali le 20 novembre 2015, faisant 20 morts (récit de témoins).

[43] Ancien empire fondé en 1809 par Ousman dan Fodio, qui s'étendait de la région du Gobir (nord du Nigéria) jusqu'au Bornou (sud du Tchad) et à l'Adamaoua (centre-ouest du Cameroun) en passant par les régions de Kano, Zaria et Sokoto (Nigeria). Ousman dan Fodio rêvait d'en faire l'exemple idéalisé d'une Terre d'Islam.

[44] Ce décompte ne prenant pas en compte le Soudan du Sud dont la scission du Soudan ne peut pas être considérée comme une indépendance au sens de décolonisation ; et la RASD (République Arabe Sahraouie Démocratique, Sahara occidental) reconnue par l'Union Africaine mais qui reste un territoire marocain sur le plan administratif

[45] A l'exception du Libéria de l'Éthiopie, de l'Afrique du Sud et de l'Égypte dont l'indépendance se situe avant cette période (respectivement : 1847, 1896, 1910 et 1922) ; et de la Namibie et de l'Érythrée qui sont devenues indépendantes après cette période (respectivement en 1990 et 1993).

[46] Hélène d'Almeida-Topor, L'Afrique au XXème siècle, Paris, Armand Colin, 1993

[47] Fondé en 1946 au cours du Congrès de Bamako

[48] Modibo Keïta devient le premier président du Soudan français qui prend le nom de Mali après l'effondrement de l'éphémère Fédération du Mali (regroupant l'actuel Sénégal et le Mali de 1959 à 1960) et du parti fondateur : le Parti de la fédération africaine (PFA)

[49] Bernard Droz, Regards sur la décolonisation de l'Afrique Noire, Revue Labyrinthe, Paris, Hermann, 1 décembre 2003, p.12

[50] C'est le cas notamment des anciennes colonies portugaises, Guinée-Bissau, Angola, Mozambique, ou de la Namibie qui arrache son indépendance à l'Afrique du Sud en 1993, après l'effondrement du régime de l'Apartheid.

[51] Toutes les colonies de l'ancienne Union Française intègrent ensuite la Communauté Française, créée en 1958 par la Constitution de la Ve République, à l'exception de la Guinée de Sékou Touré.

[52] L'on a l'embarras du choix des exemples : le guinéen Sékou Touré et le malien Modibo Keïta siègent à l'Assemblé nationale française

dès 1956, l'ivoirien Félix Houphouët-Boigny de 1946 à 1959, le sénégalais Léopold Sédar Senghor à partir de 1945...

[53] Nous appellerons ici *« moments historiques »* les périodes ou événements historiques marquants qui ont introduit un changement significatif dans les histoires de tout le continent. Ce sera effectivement le cas de la colonisation, mais pas seulement, ce sera aussi par exemple le cas de l'islamisation d'une partie du continent autour du IXème et du XIème siècle, de la période de la traite transatlantique (du XVIIème siècle au milieu du XIXème siècle), etc.

[54] John Iliffe, Les Africains : histoire d'un continent, Paris, Aubier, 1997.

[55] On peut d'ailleurs avancer que le relatif immobilisme des structures politiques s'introduit au début du XIXème siècle, avec l'installation des premières colonies européennes.

[56] C'est l'apogée notamment du comptoir portugais de Luanda, qui parvient à couper l'empire du Monomotapa (Mozambique) des principaux flux commerciaux arabes, ou encore du comptoir hollandais du Cap.

[57] La théorie des catastrophes élaborée au début des années 1980 par René Thom offre une compréhension mathématique de ce phénomène avec notamment, la modélisation de la queue d'aronde. Elle a le mérite de fixer (dans un cadre théorique général) les modalités d'un équilibre changeant des pressions sur la structure (comprendre l'entité politique/ administrative) susceptible de créer des *catastrophes* (au sens neutre de changements structurels définitifs) successives. (Voir. René Thom, Modèles mathématiques de la morphogenèse, Paris, Christian Bourgeois, 1980)

[58] La France ne contrôle totalement la région du Sahel qu'à la fin des années 1920, s'étant heurtée à la révolte de Samory Touré et du successeur d'El-Hadj Omar (Ahmadou) dans toute la partie occidentale ; et de Rabbah dans le Ouaddaï (plus à l'Est, au Tchad) notamment. L'Angleterre doit elle aussi imposer sa domination par la force en matant la révolte de Sokoto (Nigeria) en 1906 et les résistances du royaume Ashanti sur les côtes de l'actuel Ghana jusqu'en 1900. De même, les nouvelles colonies d'Afrique-Orientale allemande (Burundi, Tanzanie, Rwanda et Namibie) se révoltent contre la domination de l'Allemagne dès le début des années 1885

(assassinats ciblés des Maji-Maji contre les colons, guerre des Hereros en Namibie...)

[59] Nous pensons que la colonisation européenne totale sur le continent africain, s'achève au cours les décennies 50-80 d'une façon aussi « brutale » qu'elle a démarré entre 1885 et 1920.

[60] On peut remonter très loin dans l'histoire de ces colonisations successives. Rome crée des « provinces d'Afrique » dès le IIème siècle de notre ère autour de la Libye, la Tunisie et l'Est de l'Algérie actuelles. De même, plus récemment, une grande partie de l'Afrique orientale est colonisée par le sultanat d'Oman après la chute de Mombasa à la fin du XVIIème siècle...

[61] De nombreuses sources écrites de l'histoire des sociétés africaines émergent très tôt dans l'histoire du continent, au moins autour du Vème siècle av. J.-C. avec les récits de voyage d'Hérodote (Le Périple de Hannon, Le Périple de la Mer Érythrée. Voir à ce sujet : Mathew G., The dating and the significance of the Periplus of the Erytrean Sea, in East Africa and the Orient, H. Neville-Chittick & R.I. Rotberg eds., Londres, Africana Publishing House, 1975); et les relevés cartographiques de Ptolémée. Dans l'histoire plus récente, les sources écrites se situant autour de la période de la colonisation européenne sont abondamment dominées par les récits d'explorateurs portugais et hollandais, puis plus tard les rapports des administrations coloniales.

[62] L'on renverra en particulier aux Volumes VI (L'Afrique du XIXème Siècle jusqu'aux années 1880, dirigé par le Prof. Ade Ajayi des Universités de Lagos et d'Ibadan, Nigeria) et VII (L'Afrique sous la Domination Coloniale, 1880-1935), dirigé par le Prof. Adu Boahen de l'Université du Ghana).

[63] Les principaux Djihad de cette vague sont : le Djihad de Usman Dan Fodio (de 1804 à 1810) qui a conduit à la fondation du Califat de Sokoto (nord du Nigeria et du Cameroun actuels), celui de Sékou Amadou (de 1818 à 1819) qui a installé l'empire du Macina (couvrant une partie du Mali et de la Mauritanie actuels et descendant jusqu'au Burkina Faso) ; et celui d'El Hadj Omar (de 1852 à 1864) qui a conquis une grande partie du territoire du précédent.

[64] A partir des années 1820, les souverains du Royaume Imerina (au centre de Madagascar) se font appeler « souverain de Madagascar » (Mpanjakan'i Madagasikara), mais ce n'est qu'autour de 1840 qu'ils

conquièrent toute l'île (à l'exception de quelques régions peu peuplées du sud)

65 Le lecteur notera que nous n'en jugeons pas sur la valeur morale des commerces d'esclaves en eux-mêmes, ni sur le désastre social et humain indéniable qu'ils ont occasionné. Notre argumentaire s'attache à restituer l'influence des dynamiques sociales, politiques et économiques (et les commerces des esclaves en sont) de cette époque (puis du moment colonial) sur l'évolution de la structuration et des philosophies politiques/ administratives communes aux États modernes africains.

66 Lire à ce sujet : Catherine Coquery-Vidrovitch, Petite histoire de l'Afrique, Éditions La Découverte, 2011

67 John Ogunsola Igue, Les villes précoloniales d'Afrique noire, Paris, Karthala, 2008

68 L'une des principales raisons du Djihad d'Usman dan Fodio (ayant conduit à la fondation du Califat de Sokoto) était le rétablissement d'une pratique « pure » de l'Islam alors que les voisins Haussa des peuls du nord de l'actuel Nigeria et Cameroun étaient accusés de conserver des traditions animistes, malgré leur première conversion à l'Islam.

69 Nous ajouterons ici que cette installation rapide des empires coloniaux a aussi été largement facilitée par les conflictualités centre-périphéries décrites précédemment, qui ont permis aux colons de trouver des alliés circonstanciels dans leur conquête. (Lire à ce sujet : Julie d'Andurain, La Capture de Samory. L'achèvement de la conquête de l'Afrique de l'Ouest, Saint-Cloud, Soteca, 2012)

70 Lauren Benton, Law and colonial cultures : Legal regimes in world history, 1400-1900, Cambridge University Press, 2002

71 Nous avons cité en introduction, l'exemple du Mogho Naaba, le roi des Mossi au Burkina Faso. On pourrait aussi citer le Roi des Zoulou en Afrique du Sud dont les prises de position ont influencé la réforme foncière du président Ramaphosa. De même, l'Émir de Kano (Nigeria) a fréquemment été impliqué dans la résolution des conflits (notamment pour l'accès au foncier ou aux pâturages) entre éleveurs nomades et agriculteurs sédentaires dans l'État de Kano.

72 C'est le cas notamment de la *diyya*, la règle dite du « droit de sang », une compensation financière versée par l'auteur d'un meurtre à la famille de sa victime. Cette règle a été appliquée dans plusieurs

régions du Tchad, du Soudan et du Niger, en parallèle (le plus souvent même en priorité) au code pénal en vigueur.

[73] On parle ainsi plus naturellement de « Dioula puissance » (pour reprendre le refrain à la mode en 2016, du rappeur ivoirien Billy Billy) en référence à l'élection d'Alassane Ouattara (d'ethnie Dioula) à la tête de la Côte d'Ivoire (Voir : Billy Billy, Dioula a pris coupe, Album : Avant Propos, Juillet 2016). De même, dans la guerre civile sud-soudanaise (2013-2018), les désaccords avant tout politiques entre Salva Kiir et son vice-président Riek Machar, retrouvent et épousent rapidement (quoique très schématiquement) les lignes de fractures entre leurs deux ethnies d'origine : les Dinka et les Nuer.

[74] En 2011, un peu plus de 30% des frontières africaines étaient clairement démarquées. (Lire à ce sujet : Programme Frontière de l'Union Africaine (PFUA), Délimitation et Démarcation des Frontières en Afrique, Considérations Générales et Études de Cas, Commission de l'Union Africaine, Département de Paix et Sécurité, Addis-Abeba, septembre 2013.)

[75] Au Sommet du Caire en juillet 1964, l'OUA (Organisation de l'Unité Africaine) a adopté la Résolution AHG/R.S. 16(1) proclamant la conservation des frontières existantes au moment de l'accession des pays africains à l'indépendance. Cette résolution consacre le principe d'intangibilité des frontières « uti possidetis » dans le cadre de l'Organisation de l'Unité Africaine, puis de l'Union Africaine

[76] Le professeur Asiwaju estime que les 104 frontières internationales qui existaient en Afrique en 1984 divisaient 177 régions ou groupes culturels (Anthony Ijaola Asiwaju, (Ed.) (1984), Partitioned Africans: Ethnic Relations Across Africa's International Boundaries 1884-1984, London, C. Hurst & Co. Publishers.)

[77] Claude Biao, De la dimension transfrontalière et régionale de la sécurité des biens et des personnes, The African Geopolitical ATLAS 2020, Stake Books, Gardena, USA, 2020.

[78] C'est le cas du FACT (Front pour l'alternance et la concorde au Tchad) de Mahamat Mahdi Ali, ou encore du MDJT (Mouvement pour la démocratie et la justice au Tchad) d'Aboubakar Choua Dazi.

[79] Dambisa Moyo, Dead Aid, Why aid is not working and how there is another way for Africa, Farrar, Straus, and Giroux, 2009

[80] Expression que nous empruntons à la méthode PERT de management des projets, mais qui rend le mieux l'idée que nous

voulons développer. (Newell, M; Grashina, M (2003). The Project Management Question and Answer Book. American Management Association.)

[81] Weisbrod, Burton A., 1986. "Toward a theory of the voluntary non-profit sector in a three sector economy", in Rose-Ackerman, S. (ed.). The economics of nonprofit institutions. Studies in structure and policy. Oxford University Press: New York.

[82] Avec notamment la fondation d'Oxfam International (Oxford Committee for Famine Relief) au Royaume Uni en 1942, et de Care International aux États Unis en 1945.

[83] Au Kenya par exemple, Karuti Kanyinga et Winnie Mitullah ont relevé une augmentation de 400% du nombre d'ONG entre 1997 et 2006. (Karuti Kanyinga and Winnie Mitullah, The non-profit sector in Kenya, What we know and what we don't know, Institute for Development Studies, University of Nairobi, Nairobi, 2007)

[84] Kpenavoun Chogou, Sylvain & Marcel, Zannou & CRUZ, Maxime. (2018). Annuaire des statistiques de l'année académique 2016-2017 de l'Université d'Abomey-Calavi. 10.13140/RG.2.2.34684.59520.

[85] Ces exemples servent évidemment l'analyse, et ne devraient pas être interprétés comme une quelconque hiérarchisation des facultés disciplines universitaires. Il est à noter aussi que le choix de leurs facultés par les futurs étudiants dépend de nombreux facteurs dont la perception des « modèles de réussite », et le niveau d'information entre autres.

[86] Nous citerons par exemple le poids et l'importance disruptive du secteur informel dans de nombreux pays du continent, pour la question des impôts ; ou la possibilité pour les sociétés civiles nationales de faire adopter leurs revendications par des acteurs internationaux capables d'une plus forte pression, …etc

[87] Ce point a été discuté en introduction

[88] Les possessions coloniales allemandes en Afrique de l'Est couvraient jusqu'en 1919, les territoires actuels de la Tanzanie, du Burundi et du Rwanda, avec pour capitale Dar es-Salaam (en Tanzanie)

[89] C'est le cas pour l'eau sacrée des Maji-Maji, mais aussi pour les rituels de protection guerrière pratiqués par les Mau-Mau du Kenya, etc.

[90] Le massacre des Mau-Mau fait 10 000 morts en 1956, et celui des Maji-Maji, 70 000 morts en 1906. Dans les deux cas ils entraînent la disparition complète du mouvement.

[91] D'ailleurs à cet égard, c'est davantage la sécularisation du pouvoir politique qui apparaît comme un fait nouveau à l'échelle de l'histoire politique du continent, puisqu'elle n'intervient (au moins dans le principe), qu'avec la vague des indépendances de la deuxième moitié du XXème siècle.

[92] Guerre civile algérienne de 1991 à 2002 déclenchée après l'annulation des élections locales de 1990 par l'armée, qui craint une victoire écrasante du Front islamique du Salut (FIS).

[93] Kea, Ray, Settlements, trade and polities in the seventeenth-century Gold Coast, Baltimore, John Hopkins University Press, 1982.

[94] Nous avons évoqué plus haut l'exemple des deux djihads de l'émir algérien Abd el-Kader contre les colons français, l'on pourra y ajouter celui de Mad Mullah (Mohammed Abdullah Hassan), héros de la résistance somalienne contre les colons britanniques de 1901 à 1920.

[95] Revoir à ce sujet le schéma 1 : La construction du sentiment national dans des États de hauts fonctionnaires

[96] Yamamoto, Don (2012) LRA, Boko Sharam, al-Shabaab, and Other Sources of Instability in Africa. House Foreign Affairs Committee, US Department of State.

[97] L'un des indicateurs de cette demande croissante de la religion comme troisième voie est l'instauration de la Charia comme loi à partir de 1999 dans neuf États à majorité musulmane du Nigeria (Zamfara, Borno, Kebbi, Yobe, Katsina, Kano, Sokoto, Bautchi, et Jigawa).

[98] Hansen, Stig Jarle (2013) Al Shabaab in Somalia: The History and Ideology of a Militant Islamist Group, 2005-2012. Oxford: Oxford University Press

[99] C'est le cas entre autres, du MEND (Mouvement pour l'émancipation du Delta du Niger) au Nigéria, mais aussi du FLEC (Front de Libération de l'État de Cabinda) en Angola, et des nombreuses factions armées qui ont pris part aux deux guerres du Congo (1996 et 1998/1999), ou encore du FNL (Front National de Libération) au Burundi.

[100] Lauren Ploch Blanchard, Nigeria's Boko Haram: Frequently Asked Questions, CRS Report R43558, Congressional Research Service, March 29, 2016

[101] Christopher Blanchard, Libya: Transition and U.S. Policy, CRS Report RL33142 Congressional Research Service

[102] Stake experts, The African Geopolitical ATLAS 2020, Stake Books, Gardena, USA, 2020

[103] La création du Califat est l'un des objectifs ultimes des terrorismes islamistes

[104] Ainsi les « provinces » de l'État islamique dans le Grand Sahara (EIGS) et en Afrique de l'Ouest (ISWAP) sont créées en 2015, tout comme la « province » du Sinaï plus tôt en 2012. Plus récemment, les revendications par l'État Islamique, d'attaques perpétrées en République Démocratique du Congo et au Mozambique font parler d'une « province » en Afrique centrale (ISCAP).

[105] Cependant, la perte de tous ses territoires en Syrie et en Irak en mars 2019, et l'augmentation dans la foulée, du nombre d'attentats revendiqués par l'EI sur le continent africain laisse entrevoir une nouvelle mutation qui pourrait induire un autre changement de trajectoire des terrorismes sur le continent.

[106] Nicolas Champeaux, Attentat au Nigeria : quels sont les liens entre Boko Haram et Aqmi ?, RFI, 27 août 2011, http://www.rfi.fr/afrique/20110827-attentat-nigeria-quels-sont-liens-entre-boko-haram-aqmi (consulté le 7 juillet 2019)

[107] AFP et Le Monde : Boko Haram soutient l'EI, Al-Qaida et les Talibans. https://www.lemonde.fr/afrique/article/2014/07/13/boko-haram-soutient-l-ei-al-qaida-et-les-taliban_4456281_3212.html (consulté le 7 juillet 2019)

[108] L'attentat du 11 septembre 2001 contre les Tours Jumelles du World Trade Center à New York (États-Unis) est l'un des exemples les plus emblématiques, mais ont peut aussi citer l'attentat contre le Musée du Bardo en Tunisie (18 mars 2015) qui visait expressément les touristes occidentaux, ou encore l'embuscade du 4 octobre 2017 qui a coûté la vie à 3 militaires américains et 5 nigériens à Tongo Tongo au Niger.

[109] Dans son communiqué publié le lendemain des attentats du 13 novembre 2015 à Paris, l'État Islamique se vente d'avoir « pris pour

240

cible la capitale des abominations et de la perversion, celle qui porte la bannière de la croix en Europe, Paris. » (Amaq, 14 novembre 2020).

[110] C'est le cas notamment de l'insurrection des Talibans puis d'Al-Qaïda en Afghanistan, ou des terrorismes Syriens ou Irakiens.

[111] En dehors du continent africain, les seuls autres exemples de terrorismes possédant une dimension de politique intérieure centrale et quasi exclusive, sont les terrorismes chrétiens et suprématistes blancs aux Etats-Unis.

[112] Fatwa : (littéralement: « réponse ») avis juridique donné par un spécialiste de la loi islamique sur une question particulière, pouvant aboutir sur une condamnation.

[113] La Somalie a souvent servi de refuge à des terroristes d'Al Qaïda (comme Harun Fazul et Saleh Ali Saleh Nabhan, les auteurs des attentats de 1998 au Kenya et en Tanzanie), mais il l'objectif était davantage de tirer profit de l'instabilité du pays pour y trouver refuge. Ce n'est qu'à partir de la période 2002-2006 que des liens opérationnels se nouent entre Al Qaïda et Al Shabaab

[114] Carla Humud et al., Al Qaïda-Affiliated Groups: Middle East and Africa, CRS Report R43756, Congressional Research Service, October 10, 2014

[115] Ainsi par exemple, le groupe terroriste nigérian Boko Haram a prêté allégeance à l'EI et créé une faction État Islamique en Afrique de l'Ouest (ISWAP) en 2015, soit un an après la scission définitive entre l'EI et Al Qaïda ; alors qu'en 6 ans, entre 2009 et 2014, deux tentatives d'allégeance d'Abubakar Shekau à Al Qaïda avaient déjà été rejetées au motif (entre autres) que Boko Haram ne pratiquait pas un Islam pur (certains de ses combattants utilisaient des gris-gris, et son idéologie comportait des éléments des croyances animistes locales du nord du Nigeria)

[116] Holger Anders, Monitoring illicit arms flows: the role of UN peacekeeping operations, Security Assessment in North Africa Briefing Paper, Genève: Small Arms Survey. Juin 2018. CAR (Conflict Armament Research), Enquête sur les transferts d'armes transfrontaliers dans le Sahel. Londres : CAR, 2016

[117] Cette guerre démarre au moins depuis la fatwa d'Oussama Ben Laden en 1992, dans laquelle il appelle toutes les mouvances

islamistes de par le monde à s'attaquer aux intérêts américains et à leurs alliés partout où ils sont.

118 À l'exception des attentats des 22 et 23 juillet 2005 à Charm El Chiek en Égypte qui ont été revendiqués à la fois par Al Qaïda (dès le 23 juillet) mais aussi par ce qui apparaît comme ses partenaires locaux : Moudjahiddines d'Égypte (revendication apparue le 26 juillet), et le Groupe Taouhid et Djihad en Égypte (revendication intervenue plus tard, vers la fin du mois de juillet).

119 Dès le 18 avril 2019, plusieurs attaques dans le Nord-Kivu (RDC) sont revendiquées par l'ISCAP, cependant on les considère plus comme le fait du groupe rebelle ougandais ADF, ceci n'excluant pas une logique de sous-traitance entre l'État Islamique et des factions du groupe. Lire à ce sujet : Brian M. Perkins, Islamic State branches renew pledges to Al-Baghdadi, The Jamestown Foundation, Terrorism Monitor, Volume XVII, Issue 13, 3 juillet 2019.

120 Entre 2008 et 2012 au moins, le journal *Inspire* de l'AQAP désigne régulièrement aux affiliés africains d'Al Qaïda en Afrique, des cibles prioritaires à viser dans leurs attaques. Il est difficile de savoir si cette pratique s'est poursuivie avec la même régularité au-delà de 2012, cependant une édition de *Inspire* publiée en mars 2014 indiquait encore à Al Shabaab, une liste de pays contributeurs de troupes de l'AMISOM que le groupe devrait attaquer en Somalie.

121 Ce répertoire n'est pas exhaustif. Il rassemble les attaques terroriste dont l'ampleur (moyenne à grande) est définie par le nombre de morts, arbitrairement fixé à un seuil minimal de 10, pour les besoins de l'analyse.

122 Une attaque typique de cette forme de pillage de cheptel devenue systématique dans cette région, est par exemple l'enlèvement de 200 têtes de bovins et de leurs 7 bergers le 21 février 2019 par Boko Haram près de la localité de Bohoma dans la région du Lac Tchad (côté tchadien).

123 En 2016 et 2019, deux véhicules légers Piranha I de fabrication suisse sont ainsi apparus dans des vidéos de propagande de Boko Haram au Nigeria. Selon leur fabricant, l'entreprise d'armement Mowag, ils appartenaient vraisemblablement à une livraison destinée aux forces armées nigérianes il y a une trentaine d'années. https://www.lenouvelliste.ch/articles/suisse/nigeria-un-second-

blinde-suisse-retrouve-aux-mains-de-terroristes-815276 (consulté le 14 août 2019)

[124] Le 14 août 2019 par exemple, une femme kamikaze s'est fait exploser près d'un nouveau pylône de communications téléphoniques dans la sous-préfecture de Kaïga-Kindjiria (région du Lac Tchad, côté tchadien), dans une tentative de détruire cette infrastructure installée quelques jours plus tôt, et facilitait les alertes envoyées par les villageois aux forces de sécurité en cas d'attaque terroriste. Le 4 août 2019 c'est un pont qui a été détruit à l'explosif, sur l'axe routier Inata-Tchiembolo (région du Sahel, Burkina Faso), bloquant l'accès au site minier d'Inata. Plus récemment, le 12 Mai 2020, l'ISCAP (État Islamique en Afrique Centrale) a temporairement capturé la ville d'Auasse dans le Cabo Delgado, le temps de détruire la centrale électrique de la ville qui alimente notamment le port de Mocimboa da Praia, et la ville de Palma. L'absence subséquente de télécommunications a permis aux terroristes de capturer le poste de police et d'utiliser un blindé léger de la police pour détruire deux ponts reliant les principales villes de Mocimboa da Praia, Palma et Auasse.

[125] Stake experts, Base de données des incidents sécuritaires majeurs en Afrique (période du 1er janvier 2019 au 15 août 2019). https://data.stakeexperts.com/ (consultée le 31 août 2019)

[126] On citera par exemple l'attaque du camp de Dioura (région de Mopti, Mali) le 17 mars (21 FAMa tués), l'attaque d'une position de l'armée tchadienne à Dangdala (région du Lac, Tchad) le 22 mars (23 militaires tués), l'attaque contre un camp dans la région d'Inates (Niger) le 1er juillet (18 militaires tués), ou encore l'attaque contre une base militaire de la région de Bakol (Somalie) le 20 mai (18 militaires tués)…

[127] Par exemple 25 soldats (20 nigérians et 5 tchadiens) de la Force multinationale mixte (FMM) contre Boko Haram ont été tués dans une attaque contre l'une de leurs positions défensives à Baga (Etat de Borno, Nigeria), le 29 juillet 2019. Le 20 janvier 2019 ce sont 10 casques bleus tchadiens qui ont été tués dans l'attaque du camp de la MINUSMA à Aguelhok…

[128] Ainsi par exemple, le groupe terroriste burkinabè Ansarul Islam doit son implantation dans la province du Soum, à la popularité du discours d'abandon de l'État, adopté son chef charismatique, Ibrahim

243

Dicko. Celui-ci a longtemps exploité les frustrations locales liées ce sentiment d'abandon pour se créer une base populaire favorable. (Lire à ce sujet: Pauline Le Roux, Ansaroul Islam : l'essor et le déclin d'un groupe islamiste militant au Sahel, Centre d'études stratégiques de l'Afrique, 13 août 2019, https://africacenter.org/fr/spotlight/ansaroul-islam-lessor-et-le-declin-dun-groupe-islamiste-militant-a-sahel/, consulté le 15 août 2019)

[129] Ainsi, dans une vidéo diffusée le 8 novembre 2018, où trois chefs terroristes (les maliens Iyad Ag Ghali, et Amadou Koufa, et l'Algérien Djamel Okacha) appelaient les musulmans d'Afrique de l'Ouest au jihad, Amadou Koufa s'est exprimé en langue peule et a lancé un appel spécifique aux peuls de la sous-région : *« Mes frères peuls, où que vous soyez, souvenez-vous de ces mots : venez soutenir votre religion, car l'islam et les musulmans sont combattus, dévastés et brûlés. »* (Au Mali, trois importants chefs djihadistes appellent à « poursuivre le djihad », Le Monde Afrique, 09 novembre 2018, https://www.lemonde.fr/afrique/article/2018/11/09/au-mali-trois-importants-chefs-djihadistes-appellent-a-poursuivre-le-djihad_5381193_3212.html, consulté le 21 août 2019).

[130] Reed M. Wood, Jacob D. Kathman, Stephen E. Gent., Armed Intervention and Civilian Victimization In Intrastate Conflicts, Journal of Peace Research 49 (5), 2012, pp. 647-660 ; Reed M. Wood, From Loss To Looting? Battlefield Costs and Rebel Incentives For Violence, International Organization 68 (4), 2014, pp. 979-999 ; Kirssa Cline Ryckman and Mike Ryckman, All Politics Is Local: The Domestic Agenda of Terror Groups and The Study of Transnational Attacks, Journal of Global Security Studies 2 (1), 2017, pp. 55-73

[131] Parmi ces facteurs, on peut citer la collaboration ou non des populations avec les forces de sécurité, la tradition de confiance ou de méfiance existant entre les populations de certaines régions et les autorités gouvernementales, l'existence ou non de soutien populaire plus large aux actions antigouvernementale (logique de rébellion ou d'insurrection)…

[132] Il s'agit en l'occurrence de l'alliance des Forces pour la liberté et le changement (FFC), un ensemble de partis politiques, d'organisations de la société civile, de syndicats et d'anciens groupes armés rebelles, à

l'origine des manifestations qui ont conduit à la chute du régime d'Omar El Béchir.

[133] Anders, Gerhard. Bigmanity and International Criminal Justice in Sierra Leone, African Conflicts and Informal Power: Big Men and Networks, ed. M. Utas. London and New York: Zed Books, 2012

[134] FDS: Forces de Défense et de Sécurité, nom donné à l'armée nationale du Burkina Faso

[135] ONU Info, Opérations de maintien de la paix : de nouvelles stratégies nécessaires face à l'extrémisme violent et au terrorisme, selon l'ONU, 7 novembre 2016. https://news.un.org/fr/story/2016/11/347232-operations-de-maintien-de-la-paix-de-nouvelles-strategies-necessaires-face (Consulté le 14 septembre 2019)

[136] Bryan Price, Targeting Top Terrorists: How Leadership Decapitation Contributes to Counterterrorism, International Security 36 (2012), p. 9-46.

[137] Deux chefs des Talibans ont été tués dans des opérations spécifiques américaines en 2013 (Mullah Mohammed Omar) et 2016 (Mullah Akhtar Mansoor).

[138] Entre 2017 et Septembre 2019, l'Africom a exécuté environ 110 frappes aériennes contre les combattants ou le leadership d'Al-Shabaab (Lire à ce sujet: Sunguta West, Attack on U.S. Base and EU Trainers in Somalia Underlines al-Shabaab's Resilience, The Jamestown Foundation, Terrorism Monitor, Volume XVII, Issue 19, 4 Octobre 2019)

[139] Micah Zenko. Did Killing Mullah Mansoor Work?, Council on Foreign Relations, May 25, 2017, https://www.cfr.org/blog/did-killing-mullah-mansourwork (consulté le 6 septembre 2019).

[140] Dans le contexte Burkinabè par exemple, c'est le cas de l'émiettement et de la perte de vitesse du groupe Ansarul Islam après la mort de son chef charismatique Ibrahim (Malam) Dicko en mai 2017

[141] Jenna Jordan, When Heads Roll: Assessing the Effectiveness of Leadership Decapitation, Security Studies 18 (2009)

[142] Kenneth Yeo Yaoren, Leadership Decapitation and the Impact on Terrorist Groups, Counter Terrorist Trends and Analyses , Vol. 11, No. 3 (March 2019), pp. 7-12

[143] James Dobbins, et al., The Beginner's Guide to Nation-Building, RAND Corporation, February 2007

[144] En Bosnie, les fonctions basiques de police ont été assurées sans discontinuer par les forces de polices locales, appuyée pendant la guerre, par les forces de la mission de maintien de la paix. Au Kossovo en revanche, la profonde déstructuration du secteur de la sécurité du fait de la guerre a empêché les forces de police de continuer leur mission. Ainsi à l'arrivée de la mission de l'ONU, celle-ci a exercé des fonctions de police, tout en accompagnant la mise en place rapide d'une force de police locale. (James Dobbins, et al., The Beginner's Guide to Nation-Building, RAND Corporation, February 2007)

[145] Institute for Economics & Peace. Global Terrorism Index 2019: Measuring the Impact of Terrorism, Sydney, Novembre 2019.

[146] Calculs et recoupements effectués à partir des données générales du Global Terrorism Index, et les données collectées dans la base de données de Stake experts pour la période du 1er janvier au 31 décembre 2018.

[147] UNDP, Journey to extremism in Africa, Report, 2017

[148] Mali. Le jeu trouble de l'État avec les milices, https://koulouba.com/crise-malienne/mali-le-jeu-trouble-de-letat-avec-les-milices, consulté le 20 septembre 2019

[149] Le massacre du 23 mars 2019 à Ogossagou au centre du Mali (où plus de 160 civils peuls ont été tués par de présumés membres d'une milice d'autodéfense, des chasseurs Dozos) est l'un des points culminants d'une telle violence, de même que les cycles de revanches meurtrières perpétrées entre les deux communautés Dogon et Peules (massacre de Sobame Da, 10 juin 2019, près de 100 morts ; massacre de Ganagafani dans le cercle de Yoro, 17 juin 2019, environ 40 morts ; massacre de Heremakono dans le cercle de Niono, 13 mai 2019, 15 morts, etc)

[150] En juillet 2019 par exemple de nombreux nigérians ont manifesté à Maiduguri, face à l'incapacité croissance de l'État à préserver les populations des abus des milices d'autodéfense (Au Nigeria, des manifestations contre les abus de milices d'auto-défense, http://www.rfi.fr/afrique/20190702-nigeria-manifestations-abus-milices-auto-defense, consulté le 20 septembre 2019)

[151] Anders Themnér et al., Warlord democrats in Africa, Ex-military leaders and electoral politics, Zed Books, Londres, 2017

[152] id.

[153] Nordiska Afrikainstitutet, Université d'Uppsala, Suède

[154] Traduction libre du terme anglais « broker »

[155] Anders Themnér, op. cit.

[156] Arie Kruglanski et Shira Fishman, The psychology of terrorism: "Syndrome" versus "tool" perspectives, Terrorism and Political Violence, 2006; Ted Gurr, Terrorism in Democracies: Its Social and Political Bases, in Walter Reich, ed., Origins of Terrorism: Psychologies, Ideologies, Theologies, States of Mind, Washington D.C., Woodrow Wilson Center Press, 1990

[157] Childress, Sara, Somali Militants Try Piracy to Fund Attacks, The Wall Street Journal/ Africa, 2010 (http://www.wsj.com/articles/SB10001424%2005274870372000457 5477491009472882, consulté le 24 septembre 2019)

[158] Kisiangani, Emmanuel, Comparing Somalia's al-Shabaab and Uganda's Lord's Resistance Army, Institute for Security Studies, Pretoria, 2011; Pitts, Damien Evan, New Destinations of Islamic Fundamental Terrorism: The Rise of Al Shabaab, Master's Thesis, University of Tennessee, Knoxville, 2015

[159] En mars 2019, le désaveu du chef de l'ISWAP, Abu Mossab al-Barnawi, par la *shura* (Conseil central) de l'État Islamique, avait entraîné une scission de facto entre une petite faction qui lui est restée fidèle, et le reste du groupe loyal au nouveau chef désigné, Abdullah Ibn Umar al-Barnawi. (Claude Biao, Offensive de l'État islamique dans le Sahel, renouveau de la stratégie "Baqiya wal Tatamadad" ?, Contribution au débat Paix et Sécurite, WATHI, 26 septembre 2019. https://www.wathi.org/debat-id/contribution-paix-et-securite/offensive-de-letat-islamique-dans-le-sahel-renouveau-de-la-strategie-baqiya-wal-tatamadad/ - Consulté le 24 Juin 2020)

[160] Calculs effectués sur la base des données de veille sécuritaire collectées par Stake experts pour les périodes du 1er janvier au 31 décembre 2019, puis du 1er janvier au 25 mars 2020

[161] Cette dynamique de l'utilisation des centres urbains comme hubs d'une forme d'économie (formelle ou informelle) de guerre commence à être mise en lumière par la recherche (lire à ce sujet : Karen Büscher, African cities and violent conflict: the urban

dimension of conflict and post conflict dynamics in Central and Eastern Africa, Journal of Eastern African Studies, 12:2, 193-210, 2018)

[162] Pour reprendre le titre du célèbre ouvrage de Bruce Hoffman

[163] UNDP, Journey to extremism in Africa, Report, 2017, Op. cit.

[164] Mathieu Pellerin, Les dessous d'un nouveau « Far West », La ruée vers l'or dans le nord du Niger, Small Arms Survey, Note d'information SANA, juin 2017

[165] Devenu Wilayat Sinaï (Province du Sinaï) après son allégeance à l'État Islamique en 2014

[166] Claude Biao (sous la direction de), Les terroristes de Boko Haram sont-ils de plus en plus instruits ?, Note confidentielle en date du 27 février 2019, Stake experts

[167] Dans les calculs statistiques militaires, le taux d'encadrement correspond au ratio entre le nombre d'officiers et de sous-officiers et la population militaire totale d'un pays

[168] Sénat, Réponse du Ministère de la défense (publiée dans le JO Sénat du 22/08/2002 - page 1865) à la Question écrite n°00566 de M. Jean Louis Masson (publiée dans le JO Sénat du 11/07/2002 - page 1521), https://www.senat.fr/questions/base/2002/qSEQ020700566.html (consulté lé 27 septembre 2019)

[169] Brice Mbodiam, Cameroun : un 2e centre de commandement de vidéosurveillance, livré à Yaoundé par Huawei, gérera à terme 7000 caméras, Agence Ecofin, https://www.agenceecofin.com/securite/2808-68708-cameroun-un-2e-centre-de-commandement-de-videosurveillance-livre-a-yaounde-par-huawei-gerera-a-terme-7000-cameras (consulté le 8 octobre 2019)

[170] How military's Super Camp strategy aids Boko Haram to hold-positions, This Day, 16 septembre 2019, https://www.thisdaylive.com/index.php/2019/09/16/revealed-how-militarys-super-camp-strategy-aids-boko-haram-to-hold-positions/ (consulté le 17 septembre 2019)

[171] id.

[172] OUA, Résolution AHG / Res.213 (XXVIII)

[173] UA, Résolution 256 (2009), CPS

[174] UA, Résolution 136 (2014), CPS

[175] Pour une vue plus large des actions de l'Union Africaine dans la lutte contre le terrorisme, lire : Joseph Léa Ngoula, L'Union Africaine à l'épreuve du terrorisme : forces et challenges de la politique africaine de sécurité, avril 2016, http://www.irenees.net/bdf_fiche-analyse-1076_fr.html (consulté le 9 octobre 2019)

[176] À l'exception entre autres, de la commission transfrontalière Tchad-Soudan, qui dispose d'une force mixte de sécurisation commandée par des officiers des deux pays

[177] C'est le cas de l'opération Kapidgou, conjointe entre les forces armées du Mali et du Burkina Faso, dans la région forestière de Gakou à la frontière entre les deux pays

[178] Lire à ce sujet: Christopher Wall and Walter Laqueur (2018), The Future of Terrorism, ISIS, Al-Qaeda, and the Alt-Right, St. Martin's Publishing Group, USA

[179] Carolin Goerzig (2019) Terrorist learning in context – the case of Al Qaïda in the Islamic Maghreb, Critical Studies on Terrorism, 12:4, 629-648,

[180] De par leur choix de la violence comme moyen par défaut d'expression politique, les terrorismes sont par essence, des organisations en marge de la loi, et donc obligées d'opérer dans la clandestinité

[181] Stake experts, Base de données des incidents sécuritaires majeurs en Afrique (période du 1er janvier 2018 au 15 octobre 2019), op. cit.

[182] Thomas Fisch, Le djihadisme au Sahel, IVERIS, Juillet 2019 (http://iveris.eu/list/tribunes_libres/435-le_djihadisme_au_sahel, consulté le 15 octobre 2019)

[183] UNDP, Journey to extremism in Africa, Report, 2017, Op. cit.

[184] CFA : franc CFA (XOF) utilisé dans la plupart des pays francophones d'Afrique de l'Ouest et dans le Sahel

[185] Toutes les conversions du CFA (XOF) vers le dollar américain (USD) dans ce livre, sont faiteS au taux de change de 1 USD = 594,36 XOF en vigueur le 16 octobre 2019

[186] Nous ne prenons pas en compte le carburant parce qu'une politique publique visant à rendre le carburant difficile d'accès pour les terroristes, le rendrait par le même fait, difficile d'accès aussi pour les populations, ce qui contribuerait à renforcer le sentiment d'oppression de l'État

[187] Corinne Dufka, Burkina Faso's atrocities in the name of security will help terrorists' ranks, The Washington Post, 12 juin 2019 (https://www.washingtonpost.com/opinions/2019/06/12/burkina-fasos-atrocities-name-security-will-help-terrorists-ranks/, consulté le 15 octobre 2019)

[188] La négociation avec les gangs organisés de preneurs d'otages n'est pas chose nouvelle dans le paysage sécuritaire sur le continent. Dernier exemple en date, les États nigérians de Sokoto et de Katsina ont engagé des négociations avec des gangs organisés de bandits en septembre 2019, dans un contexte d'intensification des prises d'otages dans les deux régions. (Lire à ce sujet : https://www.dailytrust.com.ng/sokoto-peace-deal-with-bandits-ongoing-says-tambuwal.html, consulté le 30 septembre 2019)

[189] Depuis son entrée dans la phase combattante en 2011, le groupe terroriste Boko Haram a par exemple connu pas moins de 3 subdivisions successives en factions issues de disputes intestines sur divers aspects de la stratégie du groupe. Ces divisions ont donné naissance aux factions Ansaru (qui prête allégeance à Al Qaïda), et Wilayat Gharb Ifriqiyah (ISWAP, État islamique en Afrique de l'ouest), plus tard subdivisé lui-même en deux factions, l'une fidèle Abu Mossab al-Barnawi, et l'autre fidèle à Abdullah Ibn Umar al-Barnawi (alias Ba Idrisa). Plus récemment, les affrontements sanglants entre factions du JNIM (allié à AQIM) et de l'EIGS (Etat-islamique) au Mali ont démontré que les terrorismes sont loin de constituer un « front uni ».

[190] En septembre 2011 l'ancien président nigérian Olusegun Obasanjo a par exemple engagé des discussions avec Babakura Fugu, le beau-frère de l'ancien chef de Boko Haram, Mohammed Yusuf. De même, en mars 2012 Boko Haram avait accepté que Sheikh Ahmed Datti (alors président du Conseil Suprême pour la Charia au Nigeria) soit l'intermédiaire de négociations avec le gouvement d'Abuja. (Lire à ce sujet : Akinola Olojo, Dialogue with Boko Haram: back on the agenda?, Institute for Security Studies, Pretoria, 2019, https://issafrica.org/iss-today/dialogue-with-boko-haram-back-on-the-agenda, Consulté le 2 octobre 2019). Plus récemment, en 2017 une mission de bons office conduite par l'ancien Président du Haut Conseil islamique du Mali (HCIM) avait été dépêchée auprès des principaux leaders de groupes terroristes du nord (en l'occurrence

Iyad ag Ghali et Hamadoun Kouffa). En Mars 2020, après un nouvel appel aux négociations lancé par le Président Ibrahim Boubacar Keïta, le Groupe de soutien à l'islam et aux musulmans (JNIM) s'est même dit favorable à la démarche, et a posé ses conditions préalables à une telle négociation (notamment le retrait des forces françaises, et de la MINUSMA). (Lire à ce sujet : La branche d'Al-Qaïda au sahel se dit prête à négocier avec Bamako, sous conditions, Africa N°1, https://www.africaradio.com/news/la-branche-d-al-qaida-au-sahel-se-dit-prete-a-negocier-avec-bamako-sous-conditions-165020, Consulté le 26 mai 2020)

[191] id.

[192] Hafez, M. Mohammed (2018). "Fratricidal Jihadist: Why Islamists Keep Losing Their Civil Wars." Middle East Policy XXV 2: 86–99. doi:10.1111/mepo.12344.

Bibliographie

Africa N°1. (2020). *La branche d'Al-Qaïda au sahel se dit prête à négocier avec Bamako, sous conditions. Africa N°1.* Consulté le 26 mai 2020. https://www.africaradio.com/news/la-branche-d-al-qaida-au-sahel-se-dit-prete-a-negocier-avec-bamako-sous-conditions-165020.

African Union Peace and Security Department (AU PSD). (2015). *The African Union Counter Terrorism Framework.*

Alike, E. (2019, 16 septembre). *How military's Super Camp strategy aids Boko Haram to hold-positions.* This Day. Consulté le 17 septembre 2019. https://www.thisdaylive.com/index.php/2019/09/16/revealed-how-militarys-super-camp-strategy-aids-boko-haram-to-hold-positions/.

Anders, G. (2012). *Bigmanity and International Criminal Justice in Sierra Leone, African Conflicts and Informal Power: Big Men and Networks.* M. Utas, Zed Books.

Asiwaju, A. I. (1984). *Partitioned Africans: Ethnic Relations Across Africa's International Boundaries 1884-1984.* C. Hurst & Co. Publishers.

Benton, L. (2002). *Law and colonial cultures : Legal regimes in world history, 1400-1900.* Cambridge University Press.

Biao, C. (2019). *Les terroristes de Boko Haram sont-ils de plus en plus instruits ?* Stake experts.

Biao, C. (2019, 26 Septembre). *Offensive de l'État islamique dans le Sahel, renouveau de la stratégie "Baqiya wal Tatamadad" ?*. WATHI. Consulté le 24 Juin 2020. https://www.wathi.org/debat-id/contribution-paix-et-securite/offensive-de-letat-islamique-dans-le-sahel-renouveau-de-la-strategie-baqiya-wal-tatamadad/.

Biao, C. (2020). *De la dimension transfrontalière et régionale de la sécurité des biens et des personnes.* in Stake experts. (2020). The African Geopolitical ATLAS 2020. Stake Books.

Blanchard, C. (2019). *Libya: Transition and U.S. Policy, CRS Report RL33142.* Congressional Research Service.

Blanchard, L. P. (2016). *Nigeria's Boko Haram: Frequently Asked Questions, CRS Report R43558.* Congressional Research Service.

Büscher, K. (2018). *African cities and violent conflict: the urban dimension of conflict and post conflict dynamics in Central and Eastern Africa.* Journal of Eastern African Studies, 12:2, 193-210.

Champeaux, N. (2011, 27 Août). *Attentat au Nigeria : quels sont les liens entre Boko Haram et Aqmi ?*. RFI. consulté le 7 juillet 2019. http://www.rfi.fr/afrique/20110827-attentat-nigeria-quels-sont-liens-entre-boko-haram-aqmi

Childress, S. (2010). *Somali Militants Try Piracy to Fund Attacks. The Wall Street Journal/ Africa.* Consulté le 24 septembre 2019. http://www.wsj.com/articles/SB10001424%20052748703720004575477491009472882.

Conflict Armament Research (CAR). (2016). *Enquête sur les transferts d'armes transfrontaliers dans le Sahel*. CAR.

Convention de Montevideo sur les droits et les devoirs des États. (1933, Décembre)

Coquery-Vidrovitch, C. (2011). *Petite histoire de l'Afrique*. Éditions La Découverte.

d'Almeida-Topor, H. (1993). *L'Afrique au XXème siècle*. Armand Colin.

d'Andurain, J. (2012). *La Capture de Samory. L'achèvement de la conquête de l'Afrique de l'Ouest*. Soteca.

Dobbins, J. et al. (2007). *The Beginner's Guide to Nation-Building*. RAND Corporation.

Droz, B. (2003). *Regards sur la décolonisation de l'Afrique Noire*. Revue Labyrinthe. Hermann.

Dufka, C. (2019, 12 Juin). *Burkina Faso's atrocities in the name of security will help terrorists' ranks*. The Washington Post. Consulté le 15 octobre 2019. https://www.washingtonpost.com/opinions/2019/06/12/bur kina-fasos-atrocities-name-security-will-help-terrorists-ranks/.

Fisch, T. (2019, Juillet). *Le djihadisme au Sahel*. IVERIS. Consulté le 15 octobre 2019. http://iveris.eu/list/tribunes_libres/435-le_djihadisme_au_sahel.

Goerzig, C. (2019). *Terrorist learning in context – the case of Al Qaïda in the Islamic Maghreb.* Critical Studies on Terrorism, 12:4, 629-648.

Guazzone, L. (1995). *The Islamist Dilemma - The Political Role of Islamist Movements in the Contemporary Arab World.* Ithaca Press.

Gurr, T. (1990). *Terrorism in Democracies: Its Social and Political Bases,* in Reich, W. (1990). Origins of Terrorism: Psychologies, Ideologies, Theologies, States of Mind. Woodrow Wilson Center Press.

Hafez, M. M. (2018). *Fratricidal Jihadist: Why Islamists Keep Losing Their Civil Wars.* Middle East Policy XXV 2: 86–99. doi:10.1111/mepo.12344.

Hansen, S. J. (2013). *Al Shabaab in Somalia: The History and Ideology of a Militant Islamist Group, 2005-2012.* Oxford University Press.

Hoffman, B. (1998). *Inside Terrorism.* Victor Gollancz.

Holger, A. (2018). *Monitoring illicit arms flows: the role of UN peacekeeping operations, Security Assessment.* Small Arms Survey.

Humud, C. et al. (2014). *Al Qaïda-Affiliated Groups: Middle East and Africa, CRS Report R43756.* Congressional Research Service.

Igue, J. O. (2008). *Les villes précoloniales d'Afrique noire.* Karthala.

Iliffe, J. (1997). *Les Africains : histoire d'un continent.* Aubier.

Institute for Economics & Peace. (2019). *Global Terrorism Index 2019: Measuring the Impact of Terrorism*. Institute for Economics & Peace.

Jenkins, B. M. (2008). *Will Terrorists Go Nuclear?* Prometheus.

Jordan, J. (2009). *When Heads Roll: Assessing the Effectiveness of Leadership Decapitation*. Security Studies 18.

Kanyinga, K., Mitullah, W. (2007). *The non-profit sector in Kenya, What we know and what we don't know*. Institute for Development Studies, University of Nairobi.

Kazimirski, A. F., (1970). *Le Coran*. Garnier Flammarion.

Kea, R. (1982). *Settlements, trade and polities in the seventeenth-century Gold Coast*. John Hopkins University Press.

Kellen, K. (1982). *On Terrorists and Terrorism*. RAND Corporation.

Kisiangani, E. (2011). *Comparing Somalia's al-Shabaab and Uganda's Lord's Resistance Army*. Institute for Security Studies.

Koulouba. (2019). Mali. *Le jeu trouble de l'État avec les milices*. Koulouba. Consulté le 20 septembre 2019. https://koulouba.com/crise-malienne/mali-le-jeu-trouble-de-letat-avec-les-milices.

Kpenavoun Chogou, S., Zannou, M., da Cruz, M. (2018). *Annuaire des statistiques de l'année académique 2016-2017 de l'Université d'Abomey-Calavi*. 10.13140/RG.2.2.34684.59520.

Kruglanski, A., Fishman, S. (2006). *The psychology of terrorism: "Syndrome" versus "tool" perspectives*. Terrorism and Political Violence.

La Monde Afrique. (2018, 9 Novembre). *Au Mali, trois importants chefs djihadistes appellent à «poursuivre le djihad*. Le Monde Afrique. Consulté le 21 août 2019. https://www.lemonde.fr/afrique/article/2018/11/09/au-mali-trois-importants-chefs-djihadistes-appellent-a-poursuivre-le-djihad_5381193_3212.html.

Le Monde. (2014, 13 Juillet). *Boko Haram soutient l'EI, Al-Qaida et les Talibans*. Le Monde. Consulté le 7 Juillet 2019). https://www.lemonde.fr/afrique/article/2014/07/13/boko-haram-soutient-l-ei-al-qaida-et-les-taliban_4456281_3212.html

Le Roux, P. (2019, 13 Août). *Ansaroul Islam : l'essor et le déclin d'un groupe islamiste militant au Sahel*. Centre d'études stratégiques de l'Afrique. Consulté le 15 août 2019. https://africacenter.org/fr/spotlight/ansaroul-islam-lessor-et-le-declin-dun-groupe-islamiste-militant-a-sahel/

Maître, A. (2019). *Nigeria: un second blindé suisse retrouvé aux mains de terroristes*. Le Nouvelliste. Consulté le 14 août 2019. https://www.lenouvelliste.ch/articles/suisse/nigeria-un-second-blinde-suisse-retrouve-aux-mains-de-terroristes-815276

Mathew, G. (1975). *The dating and the significance of the Periplus of the Erytrean Sea, in East Africa and the Orient*. Africana Publishing House.

Mbodiam, B. (2019). *Cameroun : un 2e centre de commandement de vidéosurveillance, livré à Yaoundé par Huawei, gérera à terme 7000 caméras*. Agence Ecofin. Consulté le 8 octobre 2019. https://www.agenceecofin.com/securite/2808-68708-cameroun-un-2e-centre-de-commandement-de-videosurveillance-livre-a-yaounde-par-huawei-gerera-a-terme-7000-cameras

Moyo, D. (2009). *Dead Aid, Why aid is not working and how there is another way for Africa.* Farrar, Straus, and Giroux.

Newell, M., Grashina, M. (2003). *The Project Management Question and Answer Book.* American Management Association.

Ngoula, J. L. (2016, Avril). *L'Union Africaine à l'épreuve du terrorisme : forces et challenges de la politique africaine de sécurité.* Irenées. Consulté le 9 octobre 2019. http://www.irenees.net/bdf_fiche-analyse-1076_fr.html.

Olojo, A. (2019). *Dialogue with Boko Haram: back on the agenda?.* Institute for Security Studies. Consulté le 2 octobre 2019. https://issafrica.org/iss-today/dialogue-with-boko-haram-back-on-the-agenda.

ONU Info. (2016, 7 Juin). *Opérations de maintien de la paix : de nouvelles stratégies nécessaires face à l'extrémisme violent et au terrorisme, selon l'ONU.* ONU. Consulté le 14 septembre 2019. https://news.un.org/fr/story/2016/11/347232-operations-de-maintien-de-la-paix-de-nouvelles-strategies-necessaires-face.

ONU. (1994). *Déclaration de 1994 des Nations Unies sur les Mesures visant à éliminer le terrorisme international, Annexe à la résolution 49/60 de l'Assemblée générale des Nations Unies, « Mesures visant à éliminer le terrorisme international ».*

Organisation de l'Unité Africaine (OUA). (1999). *Convention d'Alger sur la Prévention et la Lutte contre le Terrorisme.*

Pellerin, M. (2017). *Les dessous d'un nouveau « Far West », La ruée vers l'or dans le nord du Niger.* Small Arms Survey.

Perkins, B. M. (2019, 3 Juillet). *Islamic State branches renew pledges to Al-Baghdadi.* The Jamestown Foundation. Terrorism Monitor, Volume XVII, Issue 13.

Pitts, D. E. (2015). *New Destinations of Islamic Fundamental Terrorism: The Rise of Al Shabaab.* University of Tennessee.

Price, B. (2012). *Targeting Top Terrorists: How Leadership Decapitation Contributes to Counterterrorism.* International Security 36.

Programme Frontière de l'Union Africaine (PFUA). (2013). *Délimitation et Démarcation des Frontières en Afrique, Considérations Générales et Études de Cas.* Commission de l'Union Africaine, Département de Paix et Sécurité.

Rakiya, A. M. (2019, 17 Septembre). *Sokoto: Peace deal with bandits ongoing, says Tambuwal.* The Daily Trust. Consulté le 30 septembre 2019. https://www.dailytrust.com.ng/sokoto-peace-deal-with-bandits-ongoing-says-tambuwal.html.

RFI. (2019, 2 Juillet). *Au Nigeria, des manifestations contre les abus de milices d'auto-défense.* RFI. Consulté le 20 septembre 2019. http://www.rfi.fr/afrique/20190702-nigeria-manifestations-abus-milices-auto-defense.

Ryckman, K. C., Ryckman, M. (2017). *All Politics Is Local: The Domestic Agenda of Terror Groups and The Study of Transnational Attacks*. Journal of Global Security Studies 2 (1).

Schmid, A. et al. (1984). *Political Terrorism : a Research Guide*. Transaction Books.

Schmid, A. et al. (1988). *Political Terrorism: A New Guide to Actors, Authors, Concepts, Data Bases, Theories and Literature*. Transaction Books.

Sénat Français. (2002). Réponse du Ministère de la défense (publiée dans le JO Sénat du 22/08/2002 - page 1865) à la Question écrite n°00566 de M. Jean Louis Masson (publiée dans le JO Sénat du 11/07/2002 - page 1521). Sénat. Consulté le 27 septembre 2019). https://www.senat.fr/questions/base/2002/qSEQ020700566.html.

Stake experts. (2019). Base de données des incidents sécuritaires majeurs en Afrique (période du 1er janvier 2019 au 15 août 2019). Consultée le 31 août 2019. https://data.stakeexperts.com/

Stake experts. (2020). *The African Geopolitical ATLAS 2020*. Stake Books.

Themnér, A., et al. (2017). *Warlord democrats in Africa, Ex-military leaders and electoral politics*. Zed Books.

Thom, R. (1980). *Modèles mathématiques de la morphogenèse*. Christian Bourgeois.

UNDP. (2017). *Journey to extremism in Africa*.

UNESCO. (1964). *L'Histoire Générale de l'Afrique*.

US Departments of the Army and the Air Force. (1990). *Military Operations in Low Intensity Conflict, Field Manual 100-20/Air Force Pamphlet 3-20*. Department of the Army and the Air Force.

US State Department, Office of the Coordinator for Counterterrorism. (1996). *Patterns of Global terrorism*. US Department of State Publication.

Wall, C., Laqueur, W. (2018). *The Future of Terrorism, ISIS, Al-Qaeda, and the Alt-Right*. St. Martin's Publishing Group.

Weisbrod, B. A. (1986). *Toward a theory of the voluntary non-profit sector in a three sector economy*, in Rose-Ackerman, S. (1986). The economics of nonprofit institutions. Studies in structure and policy. Oxford University Press.

West, S. (2019, 4 Octobre). *Attack on U.S. Base and EU Trainers in Somalia Underlines al-Shabaab's Resilience*. The Jamestown Foundation. Terrorism Monitor, Volume XVII, Issue 19.

Wood, R. M. (2014). *From Loss To Looting? Battlefield Costs and Rebel Incentives For Violence*. International Organization 68 (4).

Wood, R. M., Kathman, J. D., Gent, S. E. (2012). *Armed Intervention and Civilian Victimization In Intrastate Conflicts*. Journal of Peace Research 49 (5).

Woodcock, G. (1977). *The Anarchist Reader*. Fontana.

Yamamoto, D. (2012). *LRA, Boko Sharam, al-Shabaab, and Other Sources of Instability in Africa.* House Foreign Affairs Committee, US Department of State.

Yeo Yaoren, K. (2019). *Leadership Decapitation and the Impact on Terrorist Groups.* Counter Terrorist Trends and Analyses, Vol. 11, No. 3.

Zenko, Z. (2017, 25 Mai). *Did Killing Mullah Mansoor Work?. Council on Foreign Relations.* Consulté le 6 septembre 2019). https://www.cfr.org/blog/did-killing-mullah-mansourwork.

Remerciements

Plusieurs personnes ont contribué, chacun à sa manière, aux recherches et à la rédaction de cet ouvrage. Même si je ne saurais tous les citer ici, je leur reste reconnaissant pour ces contributions toutes aussi enrichissantes les unes que les autres. J'aimerais adresser un merci spécial à :

Me Adrien Houngbédji, pour votre amitié, pour avoir accepté d'écrire la préface de cet ouvrage.

Cosme Orou Logouma, Jovincio Kpehounsi, Rodrigue Davakan, Moustapha Diedhiou, Mireille Eza, nos nombreuses discussions ont contribué à mieux ordonner et nuancer mes idées.

ABCD (nom fictif) du Burkina Faso, qui m'a permis de citer dans ce livre, son témoignage suite à l'attaque terroriste de Koutougou.

Rached Ben Gouriedi, pour ton enthousiasme et pour avoir accepté de me guider dans les dédales d'Omdurman.

Oluwatossin Tayewo, pour tes explications éclairantes sur les tentatives de négocier avec les responsables de Boko Haram au Nigeria.

Bilan Ahmed Daar, pour ta patience et ton amour si communicatif pour la Somalie (et pour nos hors-sujets enrichissants sur la légende de la reine Caroweelo).

Stephane Alidjinou, pour avoir accepté de me relire avec patience et fermeté.

Mes collaborateurs et amis de Stake experts, pour votre dévouement.

Index

Stake Books

books@stakeexperts.com
https://stakeexperts.com

Contacter l'auteur : claude.biao@stakeexperts.com

39026287R00168